只要婚，
不要昏！

李新 Isla 著

推薦序

　　來自不同生活、不同背景、不同文化的兩個人，因為「愛」，要結合成一個家庭，這絕對不是一件簡單的事。在共同生活相處的過程中，多多少少會有摩擦與無法理解對方的時候。

　　兩人相處發生困難時，需要的是「愛的寬容」，因為愛，所以包容對方與自己不同的觀點，站在對方的立場看事情，能讓事情簡單許多。但寬容並非「忍讓」，一再忍氣吞聲對雙方都沒有好處，這也是這本書所想傳達的，一些婚姻中的小撇步，能夠和老公兩人幸福生活，又能夠和婆婆開心相處，簡直就是人生勝利組！

　　從李新的身上看到，只要有愛，就可以很幸福。相信這本書大家都會喜歡。

王彩樺

某天我跟經紀人在北京正準備吃晚餐，意外看到世朋哥也在餐廳吃飯，他剛好面對著我們這個方向，我仔細一看，他對面居然坐了一位長髮女生！我馬上大喊「世朋哥，你怎麼也在北京？」一邊打招呼一邊偷瞄對面坐著的那個女孩。

　　天呀，是個年輕、清秀的大美女！看得出來他們兩位都還有點害羞，氣氛有點尷尬。這時經紀人把我拉走說：「是我安排他們相親的！」

　　我又回頭看了看那羞澀、可愛的女生……心想：「嗯，世朋哥應該沒機會……」（世朋哥別生氣喔哈哈）這樣說起來世朋哥和我都是那天認識小新的。

　　沒多久，我收到世朋哥要娶媳婦的消息，當時心想：「該不會是……那個可愛女孩還真的被騙了！」（世朋哥不要握拳喔）

　　後來再和小新見面就是在台北，我們還一起拍了同部戲呢！越認識小新越能感受到她的魅力，如果我是世朋哥，一定也會用

盡洪荒之力把小新娶回家，因為她真的是太可愛了！

　　每每看到世朋哥和小新之間的相處，總是讓人不自覺地微笑，因為真的好甜蜜。和他們相處久了，發現他們兩個人都是真心愛著彼此，並且心甘情願地為對方付出。兩人為了他們的愛情改變、犧牲，一起努力變得更好。

　　這樣的相處模式雖然看起來有點傻傻的，但其實是很有智慧的。他們好有趣，所以這本書也當然非常有趣！希望看了這本書後，大家都可以學到他們一家子幸福快樂的學問。

王宇婕

2010 年是我生命中最重要的一年。在這一年，我遇到了我老婆。我們從相遇，相愛，到結婚，前後僅用了半年，這期間也只見了三次面。

　　許多朋友都很關心，問我這麼快就決定終身大事，會不會有點冒險？畢竟彼此還沒有真正的相處過，而且年齡上也有段差距……但我心想，我老婆年輕貌美！學習成績好！又燒得一手好菜！要遠嫁到一個陌生、沒有任何親人朋友的地方，重新開始新的生活，應該是她的風險比較大吧！

　　由於我們是閃婚，所以婚後的生活，幾乎都是處於戀愛的狀態；至今已邁入第十年了，我們幾乎沒有爭吵過，這都要歸功於她的高情商和默默付出。

　　平時，她會製造些生活上的小浪漫！小驚喜！像是訂美味餐廳，來個只有夫妻的小約會，或偶爾送些我喜歡的東西；當我有情緒時，她會安撫我、跟我撒嬌，讓我的負面情緒有宣洩的出口！還有很重要的是，她對我的父母也很孝順！

很多人都羨慕我們的婚姻幸福，都說我娶到對的人！的確，她是個好老婆！因為她懂得經營婚姻。她知道兩人不管再怎麼相愛，感情和婚姻都還是需要經營、維護的！無論兩人再怎麼契合，每天生活在一起，難免都會有磨擦！

「愛情」讓人盲目！但進入婚姻後，是要想辦法讓自己目盲！睜一隻眼，去看對方的優點，閉上另一隻眼，包容對方的缺點！有些事，認真，就輸了！

幸福，需要溝通和理解，是由雙方的努力，慢慢地堆疊起來的。當你們在抱怨不幸福時，先深呼吸，然後去擁抱自己的另一半，感受彼此的體溫，這時候你就會知道，幸福在哪裡了。

其實幸福離你，很近！很近！

沈 世 朋

真的很佩服李新的勇氣，能夠為愛離開自己所熟悉的一切，來到台灣這個陌生的地方，一切重新開始。

　　也許真的有「愛」就可以無所畏懼，可以克服一切。看來要好好跟李新學習，希望可以藉由這本書得到勇氣，讓我學會怎麼勇敢，從一個人變成一個家庭，讓之後的路可以輕鬆自在些。

曾菀婷

CONTENTS

Chapter 3.

寫給媳婦們的求生指南

Chapter 1.

寫給女孩們的
追愛日記

叔叔你好，
和他的相遇

　　我跟沈先生在決定結婚前，其實只見過三次面，很多人認為我們一定是如火星撞地球般的一見鍾情，才會發展這麼迅速。

　　但其實當長輩初次介紹沈世朋給我時，我全身上下的每個細胞都在抗拒！拜託～我才大學二年級，市場好得不得了，還需要你們幫我介紹男朋友嗎？而且都什麼年代了，還要我去相親，太誇張了吧！？對這個年紀大我 16 歲的「叔叔」，我真的一點興趣也沒有，拿到他的 MSN 帳號就跟在大街上拿到宣傳單一樣，不能隨便亂丟，卻也永遠不會想打開來看⋯⋯

　　就連第一次見面，都是老爸再三拜託外加零用錢的誘惑才促成的，而且還因為他們臨時有事，要我從重慶飛去北京跟他見面。當時就在心裡想，「什麼？這也太沒誠意了吧！居然還要我親自

送貨上門。」

　　於是我跟沈叔叔第一次見面是在北京機場。第一眼看到他，覺得他輪廓很深，遠看黑不溜秋的，心想也不怎麼帥嘛，但卻總是在笑，笑得陽光燦爛，好像眼裡有光。當時我可沒心情去細細打量這個「陌生人」，滿腦子都在思考我到底要怎麼稱呼他啊！這個整整大我 16 歲又是長輩朋友的相親對象，按輩份上來說應該叫「世朋叔叔」吧？但這樣的情況叫人家叔叔也太不合適了；但直接叫名字好像又不太禮貌？呵呵～機智如我，當下直接開口問他：「請問該怎麼稱呼呢？」

　　「呵呵呵！呵呵呵……」這位大叔一直笑也不回答，我心想：「這人怎麼回事？難道是個從台灣來的傻子嗎？不然怎麼一直傻

笑？」坐車送我去住處的路上，尷尬至極，因為無論問什麼，他都回以不同聲調的「呵呵呵，呵呵呵」，緊張和靦腆就是他給我的第一印象。

之前總覺得在演藝圈的人，應該都見慣大風大浪，應對圓滑，個個都是老油條了，但沒想到這位大叔居然這麼害羞靦腆，更何況他都快奔四了，還能有顆赤子之心，回想起來這應該是一開始我被打動的地方吧。

他利用鏡子的反射，拍下了我們的第一張合照。

那時的我。　　　　　　　　　　　　　　　那時的他。

　　第二天他帶我到北京的 798 藝術區約會，我倆裝得特有文化
內涵的樣子，這看看那瞧瞧的，其實都在暗自觀察對方，我覺得
他偷瞄我的時間應該比看藝術品的時間長。但一整天下來，基本
上也都是我說他聽，人家依舊惜字如金啊！

　　晚上送我回住處的時侯，一整天都不怎麼說話的他，卻突然
如詐屍一般在樓下跟我告白：「我很喜歡妳，因為妳很快就要回
重慶了，所以我想快點讓妳知道……」哇～這應該是他那天講最
長的一段話，但劇情發展太快，我正犯愁要如何應付這個奇怪又
衝動的大叔時，他卻說不需要我的答覆，只是單純的想把他的感
受告訴我而已！好傢伙～這才讓我鬆了一口氣！

很多人談感情時都會覺得：「我先主動是不是就輸了？」心裡盤算著不能讓對方發現是自己先淪陷的，不然一定把你吃死死！俗話説：「上趕著不是買賣。」所以喜歡一個人最好不要輕易表現出來，想對方的時侯要忍著不去看他，對方發訊息也絕不能秒回，把欲擒故縱那一套，玩得比後宮的嬪妃還要厲害。

然後年紀大一點了，就會考慮得更多，學歷、工作、收入、家庭背景、有房沒房，就跟老太太去菜市場買肉似的，顏色、肥瘦、光澤度，一樣不能漏！左思右想連自己的心意都確定不了，因為可以左右的因素太多了！

我們都忘了，喜歡一個人是最簡單的事情，就像吃東西一樣，第一口你就知道喜不喜歡這個味道了！所有的客觀因素其實都是考驗你這份「喜歡」的關卡，強者披荊斬棘，弱者裹足不前：**在感情的世界裡，我們需要的，只是一份勇氣！**

作為一個土生土長的山東人，我不喜歡矯揉造作、扭扭捏捏，喜歡男生忠厚直爽、磊落大方、外粗內秀，再加點梁山好漢的俠

肝義膽！所以我欣賞他對待感情的這份坦蕩，大叔在見面第二天就跟我表白，這點其實很加分。

在北京待了三天後，我就要回去重慶了！分開時他的依依不捨，估計全機場都感受得到，濃烈到我都有點不好意思了。但我這個沒良心的卻絲毫沒有感同身受，走得那是一個痛快，頭也不回的上了飛機，只想趕快回重慶找朋友玩，盤算著到了要不要先吃個火鍋什麼的……

之後的這段日子，應該是沈叔叔這輩子電腦使用率最高的時侯，他每天花比睡覺還多的時間跟我視訊，明明是個 ON 檔戲演員，卻能讓我隨叫隨到，因為他筆電不離身，去棚內拍戲帶著、出門找朋友也帶著，隨時讓我知道他在哪裡？在做什麼事情？

聊天持續了一個多月，在他犧牲了大把的睡眠時間的同時，我們終於奠定了一定的感情基礎，但因為當時我到台灣要辦很多手續，非常不方便，為了見上一面只好約在香港，這就是我們認識後的第二次見面。再見面當然就不只有「呵呵呵」了，畢竟我

找到愛情的男孩喜笑顏開。

那一天，前門大街車水馬龍。

這個悠哉看街景喝咖啡的女孩，萬萬沒想到旁邊的人會是未來老公。

2010 年香港迪士尼

們已經當了一個多月的「網友」，何況在迪士尼的歡樂氣氛中，怎麼能缺了大手牽小手的經典畫面！

之後他回台灣拍戲，依舊電腦不離身，在拍攝的空檔也打開電腦連線，還跟每個同劇組演員介紹：「這是我女朋友！」我心想：「他不是藝人嗎？怎麼如此大方，迫不及待想讓全天下都知道他在談戀愛？正常版劇本不是都愛搞點地下情什麼的嗎？他也太不合乎常理了吧？」但後來再想想，這是代表他很認真地在跟我交往，我讓他很開心、很驕傲，所以他才想分享給身邊的所有朋友。也因為他的認真對待，我開始格外珍惜這份感情。

熱戀嘛，總是時時刻刻迫不及待地想見面，我在日曆本上細細記錄著我們分開的每一天，辛勤程度堪比織女！所以一放暑假我就捨了爹娘，立馬飛到台灣看他，距離我們上次在香港見面已經有三個月了。為了這次相聚，我們兩邊可都不辭辛勞地辦了很多手續、開了很多證明，就如那首歌唱的一樣「為你我用了半年的積蓄，飄洋過海的來看你，為了這次相聚，我連見面時的呼吸都曾反覆練習……」

見了面之後，理所當然先帶我去見他父母，跟他的家人吃飯，此處忽略沈牛郎和李織女一萬字的激動之情！緊接著他就帶我從台北一路玩到墾丁，從北到南見了一大串親戚朋友。我是沒太大的壓力，覺得一路上都有人熱情招待，請吃好吃的，很不錯呢～內心一直狂喊：「台灣東西真的太好吃了！」就這樣樂不思蜀地玩了三個星期！

　　俗話說「快樂時光總是短暫的」，轉眼九月開學了，在大學校園裡，到處都能被閃瞎。一對一對的小情侶，不是在宿舍門口等接送，就是食堂裡陪吃飯，你一口我一口，要不然就是一起手牽手去看電影，滿校園亂轉！真是滿天的粉紅泡泡，遍地的精品狗糧。

　　事實證明「沒有對比就沒有傷害」，就好比本來吃著蘿蔔白菜也沒覺得什麼，但突然有人天天在你面前大魚大肉的，你就覺得不行了，一口也吃不下去，營養不良到快死了……何況戀愛中的女生跟孕婦一樣，敏感而又起伏的小情緒讓妳完全失去理智，分分鐘就能把自己搞崩潰了！

記得那時室友的男朋友在四川的大山裡工作，室友每次去看他，就像唐僧取經般艱辛。要先坐火車從重慶到四川，再轉長途汽車走盤山路，得花上五、六個小時才能到，但我卻羨慕得很，因為她只要付出辛勞和時間就能見到朝思暮想的人，而我呢？不管付出多少辛苦跟時間都沒用，受當時政策的影響，我根本去不了台灣，他也不能丟下工作飛來重慶。

　　這種挫敗跟無力感徹底打敗了我，我慢慢開始覺得這段戀情是不適合的，我要上學，他要拍戲，他要拍戲，我們都沒辦法抽身，放下自己手上的事；既然不適合、看不到結果，不如乾脆一點，忍痛結束吧！

　　我記得好清楚，那天中午我拿出壁虎斷尾的決心，打電話給他，把所有的問題和委屈一股腦兒地倒給他，要他給我一個解決方案，他一直都沒有說話，聽我講這個問題、那個道理，以後怎麼辦等等，最後他只停頓了一下下，突然對我說：「我們結婚吧！」

　　突然整個世界安靜了，我望向窗外的大樹，再從樹梢看到遠

方的縉雲山，覺得整個世界都明朗了，彷彿像初見時他滿眼的陽光，嘴裡不自覺地說：「好！」

女孩暖心雞湯

面對愛情，我只遵從了內心的真實感受，在那當下，我只想努力成全它。

謝謝你們給了我最好的愛

　　現在的年輕人大多晚婚晚育，覺得要各個方面都穩定下來，萬事俱備了再來考慮結婚，我也不例外，在家當閨女多舒服啊！結婚對我來說一點吸引力都沒有，能拖就拖，30歲以後再來考慮吧。但聽到那句「我們結婚吧！」真的太出乎意外了，或許是第一次被人求婚，打了個措手不及，總之我也不知道怎麼回事，也就把心一橫，想說：「有什麼不敢答應的呢？！」

　　都說世上有三大謊話不能信：第一是老人說不想活了；第二是小孩子說不想長大；第三就是大姑娘說不想嫁人！這不，說的就是我！

　　沉浸在被求婚的喜悅裡，山東人的脾性就是敢做敢當，有事兒絕對不會藏著、掖著。當天晚上立馬打電話回家裡報告，怎麼

說這也是個大事兒嘛！不過老實說，撥通電話前心裡還真沒底，七上八下的，不知道突然說要結婚，爸媽反應會如何？

「爸！跟你說個事，我要結婚了！」
「啊！跟誰？」
「跟沈世朋呀！」
「啊？妳想好了？結婚可是個大事兒！！！」
「想好了呀！」

那陣子應該是我爸喝酒喝得最頻繁的時候，因為每次打電話回家問：「親愛的～你在幹嘛呀？」他總是回：「沒事兒！喝兩杯呢……」哈哈～我猜他當時心裡受傷面積一定很大，前世的小情人突然要結婚，對象還是自己間接介紹的，說不行那是自打嘴巴，但

我和我的老情人，無論何時，此生摯愛還是你。

自己家的小棉襖要這麼早就掛到別人家衣櫥裡，怎麼能放心、捨得？何況從來沒見過這個未來女婿呀，我爸整個Game Over了⋯⋯

回想起來真的很感謝爸媽，他們很信任我，選擇自個兒去消化這件事，從頭到尾沒有左右我的思想，給了我很大的自由和空間，以至於我的婚姻全憑自我感覺，不參雜一絲所謂的「客觀因素」。

我可以很驕傲地說：「我在最想結婚的時候，嫁給了愛情！」在感情的世界裡我是披荊斬棘的王必！現在我也是一位媽媽，假設我兒子在跟我當初一樣的年紀說要結婚，我真的沒辦法像我爸媽那樣淡定，我搞不好會揪著他領子吼：「你瘋了嗎？你工作穩定嗎？你賺的錢夠養家嗎？」唉～我真需要好好跟我爸媽學學！

　　他們給了我最好的愛，就如**泰戈爾說：「讓我的愛像陽光一樣包圍著你，而又給你光輝燦爛的自由。」**從小要讀什麼、學什麼、做什麼，他們都給我充分的自由，不像很多父母在生活上對孩子百依百順、噓寒問暖，照顧得無微不至，但卻對孩子的選擇百般意見、千般阻撓，希望孩子照著他們的方式去生活，這樣才是最好的！

　　可是這樣的人生真的是孩子自己想要的嗎？我很感謝爸媽一直都尊重我的選擇，給我足夠的空間去探索，讓我活成自己喜歡的樣子，做任何喜歡的事情，包括選了這個「意料之外」的老公。

　　但小時候我並不這樣認為，我一直搞不懂平時對我寵愛有

加、有求必應的父母，為什麼總讓我獨自面對很多事。比如小學一年級開始就讓我獨自走路上學，記得開學前一天媽媽帶我走了一遍上學的路，問我記住了嗎？我點點頭，之後每天就我一人走路上下學。現在想想他們心還真大，難道就不怕我被壞人抓走？

呵呵～因為從來沒有被接送過，每次看到學校門口滿是等著接小孩放學的家長，就好羨慕，總希望有一天爸媽也能來接我！期盼值最高的時候是下雨天，所有的家長都來接小孩放學，要不就是提前來送傘。我從最後一節課就在翹首以待，伸長了脖子往窗外看，那真是「眾裡尋他千百度」啊！但最後還是淋成落湯雞的回家，氣得問爸媽：「為什麼你們都不來接我？人家爸媽都來接！」媽媽邊炒菜邊回我：「沒必要呀，妳這不也自己回來了？」所以小小年紀我就知道關鍵時候這倆人靠不住……

中學時他們還把我這個獨生女送去離家一百多公里的寄宿學校，一個星期才回家一次，完全軍事化管理。每天早上五點多起床號響起就要爬起來作早操，棉被要折成豆腐塊、不能用手機，管得跟當兵一樣嚴。

媽媽和我。

每週一從家裡去學校的路上，想到又要獨自生活一個星期、見不到家人，就好想哭，不知道什麼時候才能「退伍」！當時搞不懂爸媽為什麼要這樣折磨我，難道是發現我不是親生的？直到後來獨自一人在外地上高中、上大學，才發現父母的用心良苦。

小時候獨自面對困難的訓練讓我能很快適應各種生活狀態，甚至還把自己的小日子過得挺滋潤的。其實這種面對困難、解決困難的能力，是我們在成長過程中一定要掌握的。也許我們會犯錯、會跌倒受傷，但隨著經驗的累積、抗壓力的提升，我們也終將擁有承擔每件事的能力。其實**人生的道路上我們最終都將獨自前行，或早或晚，如果不能相陪到底，不如早早學會一個人飛翔！**

可能是因為從小就離家獨自生活，爸媽覺得跟我相處的時間太短，或者又搞清楚我還是親生的？哈哈～所以盤算著等我結婚後，不管在哪個城市，他們都要跟我一起去，在我家附近買個房子陪我一起住，以後還能幫著我一起帶孩子……

但他們始料不及的是我嫁到了台灣！媽媽是過來人，她懂得

女孩子一個人遠嫁會面臨的問題，提醒我：「嫁太遠會很辛苦，以後懷孕、生小孩、帶小孩，沒有娘家在身邊都很不方便……」但當時只有 22 歲的我被愛情沖昏頭，根本想像不到、也不在乎，大剌剌地回她：「也沒有多遠啦，坐直航飛機一下就到了！要是辛苦，找個保母不就得了！」

當我真正懷孕生小孩的時候，才體會到媽媽當初說的話，那種他們不能親眼見著我的擔心，和懷孕沒有媽媽在身邊的不安全感；也才體會到：一個老公再愛你、再呵護體貼也沒辦法補足父母給你的愛……原來媽媽當初說的就是這種情況呀！

我決定要遠嫁的時候，其實他們都很清楚會有這些狀況，所有的擔心和捨不得也都是可以預見的，但為了成全我的愛情，爸媽從頭到尾都沒有阻攔過我，只是分析可能會發生的狀況，然後給我他們所能給的全部。這份支持，代表他們捨棄了後半生子女相伴身邊、含飴弄孫的願望，對他們來說又何嘗不是一種犧牲？

有時候家人的愛不止像陽光，也像大力水手的菠菜罐頭，在

你遇到困難、萎靡不振的時候讓你滿血復活！這種強大的精神力量很神奇，讓人覺得沒有什麼過不去的坎和解決不了的困難。

直到現在不管生活或工作上遇到什麼難題，受到什麼委屈，我爸總是告訴我：「妳爸在呢！有什麼好哭的？能有什麼事情啊？大不了回來，爸爸養妳！」那種天塌了也有老爸頂著的愛，跨越了一切當初不能跨越的距離！

謝謝我的爸爸和媽媽！

女孩暖心雞湯

充滿愛和自由的成長環境，讓我遇到愛情和婚姻的時候，有勇氣、有能力飛越千山萬水。

突如其來的愛情和未完成的學業，
我該如何協調？

　　我這個人就是典型的金牛座，凡事都要計畫，但有些時候會過於堅持自己的步調，比如小時候週末的功課一定要在週五晚上全部寫完，熬夜累死也要完成，絕不能留到第二天，現在想想還真是固執！

　　剛上大學我就計畫一定要繼續念研究所，倒不是自己多愛唸書，只是不想太早工作，我那會兒的口號是「唸我的書，花我爸的錢，讓他哭去吧！」呵呵～果然女兒都愛坑爹！

　　計畫已成，馬上行動，所以我在大一大二時就開始很努力的修學分，完全沒心思享受新鮮的大學生活。記得那時我就跟一隻小蜜蜂似的奔波於各大教學樓，從星期一到星期天沒一天得閒，連午休跟晚自習都排滿了課，從沒有參加過任何社團，也幾乎不

跟同學出去玩，為了達到目標，我就跟苦行僧一樣埋頭苦幹。

可人算不如天算，這突然蹦出來的沈世朋打亂我所有計畫，認識了幾個月就跟我求婚，而我也不爭氣地答應了，但仔細想想，大三、大四再加上研究所，算起來還得要五年才能畢業，意味著跟沈老爺結婚後還要兩地分居5年，這豈不是跟假結婚一樣，連我自己都覺得這樣的婚姻不靠譜，怎麼要求他接受呢？何況人家都已經38歲了，好不容易娶了個老婆，還要再等5年才能過上正常的婚姻生活，這對他也太不公平了。

九月秋涼，悶熱的山城終於迎來了一絲清爽，可我卻煩躁得抓耳撓腮，還沒真正結婚呢，婚姻的壓力就排山倒海地向我襲來。

有一天站在我們學院的後面，滿地都是銀杏落葉，滿目金黃，我突然發現，連樹木都知道要先落下舊的葉子才能長出新的枝椏，我卻在要不要為了新生活放下原本的計畫而煩惱不已。突然間就有了點大是大非的覺悟，緊握的手開始慢慢鬆開，仔細想想讀研有什麼了不起的，不讀又不會怎麼樣！我都要嫁到台灣當人家太太了，還需要這個學位掛在牆上顯擺嗎！

　　人啊～果然都太貪心，手裡抓著滿滿的好東西一樣也不想放，可不鬆開手騰出點空間，老天爺怎麼能給你意外之喜？可能長久以來的執著讓我忘了放棄的勇氣……

　　可當沈老爺知道我的決定後，一下子不知所措了，可能幸福來得太突然，他有點懵吧！雖然對他來說這簡直是喜從天降，但他也知道這對我來說是放棄了一個長久以來的追求，意味著之前的辛苦都要付之東流，所以他勸我再好好考慮一下。

　　後來我才知道，他當時覺得我小小年紀嫁給他就已經很難得了，怎麼能讓我再犧牲理想。而正因為我這樣的割捨，讓他懂得

了原來婚姻是需要我們共同去維護的，我們彼此都算開了個好頭。

婚姻就好比兩個原本獨立的個體，要整成一個整體，都必須先削掉自己的某些部分，才能和對方緊密的貼合，組成一個新的整體，不然一點點磕磕絆絆就能讓彼此越離越遠，最終分道揚鑣！在我看來婚姻＝割捨＋重組，和過去割捨、與對方重組，等於開啟一段新的旅程。

我的新旅程雖然開啟時經歷了一番掙扎，但老天的意外之喜也說來就來，放棄研究所沒多久，我發現修的學分夠多，可以申請大三提前畢業，這樣一來之前的努力也不算全白費了，沈老爺可以再少等一年！

當時想想我就激動，全然不考慮這樣要提前準備畢業論文和答辯的事情，一下子就去申請了。當期末要一起考二十幾門課的時候，突然意識到想像都是美好的，現實都是殘酷的！我就像從地獄一層一層往人間爬一樣，每天都有交不完的論文，考不完的試……

學院後面那片美麗的銀杏樹。

那時大二的我。

能順利畢業，除了感謝老天庇佑之外，也再一次向世人證明了愛情的力量不容小覷！哈哈哈⋯⋯記得當時去辦公室找院長簽字批准提前畢業時，院長邊簽字邊問我：「急著出國啊？」她以為我是為了要出國念書，才申請提前畢業的，我心裡明明知道，卻還是不好意思坦承「我是急著要去結婚呀！」，只能敷衍著「是啊！是啊！」。在這裡鄭重地跟院長說對不起了，我這個沒出息的孩子，著急嫁人啊！

如果現在你問後不後悔當初的決定，我覺得多多少少有一點遺憾，但絕不後悔，甚至很慶幸當初的選擇。因為我的放棄一直讓沈老爺心存內疚，那時他就發誓一定要好好對我，從此奠定了他打不還手，罵不還口的家庭地位；我用一個碩士學位換來一輩子的女王地位，這買賣還是很划算的！

2010 年 4 月 21 日，我跟沈叔叔第一次見面，10 月份他跟爸媽到我山東老家提親，11 月他到重慶，我們倆領證，我跟這個男人其實只見過三次面就決定成為夫妻。2011 年我來到台灣，至今結婚十年育有一子，我從沒後悔選擇這條跟原本計畫截然不同的

路，這個男人讓我學會，愛需要付出與放棄，也讓我看到人生另一種風景……

女孩暖心雞湯

「魚和熊掌不可兼得。」在面對選擇的時候，懂得割捨的人，才能獲得收穫；愛情裡的勇氣，有一部份是勇於放手。

一 生 一 次 的 勇 敢 追 求

　　很多人都會跟我說：「妳好有勇氣啊！那麼年輕就結婚！」這樣的誇讚，我聽著其實還挺心虛，因為我並不是個勇敢的人。相反我總是為了安全感，畫好循規蹈矩的線，然後照著計畫好的路一步步前進，選擇現世安穩絕不冒險求刺激！跟沈世朋結婚可能是我人生中唯一的一次意外，完全不在我規畫好的清單中，我有時也會不禁問自己，為什麼願意為了這個人遠走他鄉，用整個青春去冒險呢？

　　以客觀條件來分析，我跟沈世朋兩人絕對特別不合適結婚。

　　時間不對：我還在唸書，而且才大二；
　　地點不對：我在大陸他在台灣；
　　年齡不對：我們足足相差了 16 歲；

身分不對：他是一位藝人，我是一名在校大學生！

時間、地點、人物，成功三要素一樣都沒有，除了彼此相愛，我們完全不符合常理上所有適合結婚的條件，可以說是天不時地不利人不合。但我決定嫁給他只用了三秒鐘，大概因為太想答應了，時間太短，只來得及問心。

身邊很多朋友，在感情裡都曾遇到過很喜歡的對象，但談著談著，碰到「結婚」這個關卡就停住了，因為彼此都要考慮種種條件，可現實要符合「理想」中的條件真的太難了，最後結不了婚只能不了了之。

印象最深的是有一個朋友在大學的時候不小心懷孕了，可那

時她和男朋友都還年輕，學業沒完成，事業也還沒開始，考慮再三還是忍痛把孩子打掉了，後來因為一個選擇出國深造，一個決定留在國內，兩人分隔兩地，時間久了也就慢慢分開了……

多年之後，當我們都已經成家立業，聊天再說起這段感情時，她笑著說「如果當初別管那麼多，就勇敢把婚結了，把孩子生下來，說不定現在也挺好的，估計孩子都能打醬油了……」是啊，如果…說不定…估計…也只能這樣去猜測了，**現在我們也許什麼都有了，但唯獨失去了當初的種種可能，那淡淡的憂傷跟遺憾，看似雲淡風輕，實則刻骨銘心！**

都說結婚是人生大事，要慎重！但大家現在都過於謹慎，導致一段感情走到後來，把職業、薪水、年紀、家庭、甚至高矮胖瘦，所有一切都作為婚姻的參考，忘了當初喜歡的僅僅是他看你的一個眼神……

很多人說「婚姻是愛情的墳墓」，這樣看來可不是嗎？那墳墓上的一磚一瓦都是自己建造的，這塊磚叫「收入」，那片瓦叫

「學歷」，前面立的碑叫「家庭背景」！看似是給別人開條件，實則是作繭自縛，把自己牢牢的困在這座墳墓裡，愛而不得。

如果這一生，從來沒有為想要的東西義無反顧地去冒一次險，到死你會不會後悔？我知道我會！這可能就是為什麼循規蹈矩的我會在婚姻這件事上賭上全部身家，因為，我想為他、為我們的愛情勇敢一次！

鼓勵大家能有走入婚姻的勇氣，但千萬可別因為這樣就認為所有戀愛的終點都應該是婚姻。我就常常有拆散身邊的某些情侶的衝動，當遇到現在所謂的渣男、渣女時，就算家裡沒有尚方寶劍，用指甲刀也要一點一點剪乾淨！很多女生一談戀愛，就以為遇到真命天子，幾句花言巧語蒙騙，以為是愛奉獻，卻在不成熟的婚姻裡吃盡苦頭，最後人財兩失。

結婚前一定要評估對方是不是真的對你好？願不願意和你一起付出？有沒有一樣想結婚的意願？婚姻是兩個人的事情，光靠一方的付出和努力是沒辦法維持的。要懂得好好衡量，一個人愛

不愛你，不用費心去猜，真愛你一定感受得到，如果有一絲絲的懷疑，不是不愛，就是不夠愛！千萬不要為了不值得的人或事，浪費一生中寶貴的勇氣。

像我這麼實際的人，不會告訴你愛就可以克服一切，只要相愛結婚就一定會幸福到老。所有美滿的婚姻都是要努力付出來維持的，而且這還是個無底洞，看不到盡頭，你必須一直付出下去，不然就會血本無歸！但無論當初你們有多少不合適，這一起努力的過程都會讓你們變成天造地設的一對。

女孩暖心雞湯

　　生命裡遇到一個你愛並且也愛你的人真的不容易，錯過了就真的錯過了，就像你在公車站等公車一樣，錯過了這班車，哪怕再等一班，也不是之前開走的那班車了……

爸媽，我要嫁到台灣去了

不要以為就你第一次結婚，需要各方面的心理建設，有時候爸媽的心臟也需要做個心電圖好好分析一下！這個問題是我跟家裡說要結婚之後才發現的。

首先，是我媽變得異常八卦，我認為這應該也是恐慌的一種表現。她有段時間非常熱衷於上網 Google 準女婿的緋聞，一發現什麼就馬上打電話跟我「熱情」分享，連查到沈女婿是雙子座都像發現新大陸一樣，提醒我「聽說雙子座男生很花心呢！」

跟沈老爺交往時，他比較聰明，早早就跟我坦白自己的戀愛史，自己先交代了，總好過我當柯南辦案去找出真相。因為他態度端正誠懇，所以我其實並不太在意他的過去，現在年輕人誰不談幾場戀愛啊！而且我個人認為戀愛史豐富也有好的方面啊，如

果每個女朋友都能幫我改掉他身上作為男朋友的一個壞毛病，那到我這裡不是省心了不少，幾乎接近成品了！

再有一點就是，好的男人當然會有很多女生喜歡，如果過去都沒交到什麼女朋友的話，那我真要好好想想是不是我的品味太奇葩了。但我不能這樣跟我媽解釋啊，丈母娘絕對無法理解這樣的觀點，那個時候我就得想辦法讓我媽放心，一開始的基礎建設絕對不能垮，這可是關係到未來女婿在丈母娘心目中的人設！

「那些都是過去。他 38 歲了，如果 20 歲開始談戀愛，18 年來平均一年一個，也該有 18 個女朋友，更何況這才幾個？」我只能用媽媽能理解和接受的觀點勸慰她，好在幾番開導下來，我媽也慢慢放心了，不再過度關心女婿的八卦情史了！

可提親前，這位準女婿心裡一點底都沒有，他自認條件配不上，有太多的不自信，深怕我爸媽對他不滿意；我心想，他不會一碰我爸媽就和碰到我一樣，緊張得只會「呵呵呵」，三小時擠不出十句話吧？那可別指望他收服丈人、丈母娘的歡心，我得幫他提前鋪好路！

鋪路計畫的第一步就是「車輪戰」，一天到晚跟我爸媽洗腦，灌輸他們未來女婿這個好、那個好，對我更是無微不至，「此男只應天上有，人間哪得幾回聞」，結論就是「天之驕子」、「我非他不嫁」，簡單粗暴！

第一次去山東提親的沈家人。

两家人一起出去玩。

正式見面時，我爸媽已經明確認識到自己女兒「覆水難收」，也成功被洗腦覺得這女婿千載難逢。在這樣的氛圍下，兩家人見面當然相談甚歡，外加女婿長相也沒有想像中那麼老嘛，丈母娘滿意得不要不要的，沈爸爸和李爸爸幾杯酒下肚，這婚事也就順利成了！

我想說的是，無論爸媽支不支持，**結婚前不只幫自己做好面對婚姻的心理建設，也要懂得體諒父母的心情，幫他們做好心理調適。**

妳在面對人生中的一大轉變時，父母又何嘗不是在面對他們的過渡期？妳第一次結婚，父母也是第一次嫁女兒；妳在學著做媳婦的同時，他們也在學習如何當好親家。他們沒有妳想像中那麼成熟，就像有句話說：「成為爸媽以後才開始學習當爸媽。」

要特別提的點是，千萬不要覺得爸媽是自己人無所謂，妳上陣廝殺的時候，他們可是妳最強大的後盾，可退可守。很多女生一結婚，重心都放在跟婆家的相處上，忽略了對自己爸媽的照顧。

女兒出嫁對他們來說會是有失落感的，俗話説「嫁出去的女兒，潑出去的水。」老一輩的觀念裡，女兒出嫁就是婆家的人了，雖然現在不像過去那樣，但離開父母身邊開始自己的生活，經營自己的家庭，父母總是捨不得和不放心的。記得我老公迎娶我那天，習俗上我走後，娘家人要潑一盆水，可我爸含著淚、咬著牙，死活都不潑……

做女兒，要當好小棉襖，也要當好潤滑劑。不僅溫暖父母嫁女的失落心情，也要調和他們跟新女婿的關係，順利地接納這個新成員。這樣爸媽跟你另一半以及親家的關係就可以更融洽了，而妳婚後跟娘家的感情當然也會一如過往的親密。

千萬不要小看這些小動作，如果做不好，有的爸媽會認為女兒嫁人了就不管自己家裡，對女兒的一些小事百般挑剔，也認為是女婿搶走了自己女兒，從而產生敵意，進而更不願意跟親家多來往，想像一下如果這樣的狀況會有多可怕，妳有多難做人啊！到時候妳夾在婆家和娘家之間，蠟燭兩頭燒，一個不小心就「豬八戒照鏡子，兩面不是人」！

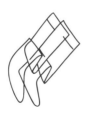

其實父母會有這樣的小情緒，只是在「要糖吃」、「求關注」，心裡只是希望女兒不要忽略他們。

我爸就是典型的要糖吃，求關注求了4、5年才好。可能因為從小就跟爸爸關係親密，還沒結婚前，我就是爸爸最重要的小情人，跟爸爸講電話都是左一句「親愛的」，右一句「親愛的」。

有一天突然另外一個男人半路「搶親」，他不再是唯一重要的了，爸爸的不平衡就此爆發。他覺得自己好像被忽略了，沒事就衝我發一頓火，動不動一句話就翻臉，不找任何人麻煩，專跟我過不去。剛開始我很生氣：「爸爸怎麼這麼不講理？沒說兩句話就不高興？」

後來慢慢琢磨，他只是太愛我，想我多關注他，怕我忽略他，跟小孩子撒嬌要糖吃是一樣的。所以後來我花了很多心思在爸爸身上，時常跟他分享我生活和工作中的事情，或傾訴、或討教，讓他感受到我跟以前一樣愛他需要他，甚至更多，他在我的生命中依然是不可抹滅跟替代的，老公亦不行！明確地告訴他：「你

放心，我人在曹營心在漢。女兒心都是向著你們的。」

哈哈哈⋯⋯這句話很受用的，要讓爸媽知道就算女兒嫁出去了，也還是他們的女兒！當然你在婆家可千萬不能這樣說，我都會跟公公婆婆說：「我生是你們沈家人，死是你們沈家鬼。」不要覺得我這樣太兩面三刀，女孩子要懂得說話的藝術，特別是嫁人後，畢竟夾在娘家與婆家之間，要面面俱到，既做公婆的好媳婦，也當爸媽的好女兒！

女孩暖心雞湯

父母遠比你想像中脆弱，嫁女兒是娘家人含淚的割捨和成全。無論何時何地，父母都是永遠的靠山和責任。

Chapter 2.

寫給妻子們的
教戰守則

婚姻生活中
要有被需要的價值

　　婚姻包含很多層面，我想聊聊「生活」這方面，畢竟一結婚就要面臨柴米油鹽醬醋茶，這是無可避免的，只有解決好吃喝拉撒睡的問題，才能風花雪月的談詩和遠方！

　　從結婚到現在，我幾乎很少做家事，掃地、拖地、洗衣服、打掃，這些都是世朋叔叔在做的，他勤快到連沙發套都三不五時拆下來洗，原本米色的沙發還沒有來得及歷經歲月的洗禮就已經蛻變成白色了，更何況是家裡的其他角落。

　　他是發自內心地愛整理，連拍八點檔工作的時候，收工都已經凌晨三、四點了，回到家都還是要把家裡掃過拖過一遍才肯上床睡覺。綜上所述，我想他上輩子應該是做傭人的……

每回說起這件事情，朋友們都羨慕得不行，恨不得跟我要個複製品帶回家，連他丈母娘都羨慕起自己女兒，常常在自己的老公面前誇讚女婿，試圖改變些什麼……

　　大家都會覺得老公愛做，妳就索性翹著二郎腿在家享受啦！但我真誠地告訴大家，當這種狀況發生時，生命中會有巨大的恐慌感向妳襲來，因為找不到自己的用武之地啊！

　　就好比到了一個新的工作單位，提供豐厚的待遇，卻不需要你做任何事情，一定會坐立不安，擔心隨時會被解僱。因為根本不被需要啊，同事把所有活兒都幹了，那要你幹嘛！所以當他自己都一個人搞定所有家事的時候，我就會想「那需要我做什麼呢？」

剛結婚的時候，我其實是有做家事的，但我發現沈叔叔回來後，會把我做過的重新再做一遍，因為他根本就沒發現我有做過……好吧！我承認在做家事方面，他確實比我強太多，這個時候我就在思考「要做些什麼比他強的事情？」

在婚姻生活中一定要找到自己的用武之地，要創造自己的價值，而且是無可替代的！這可能是我新婚生活中面臨的第一個問題。想想婚前在娘家，比起從未留下任何指紋的洗衣機，鍋碗瓢盆偶爾會被我摸過。心血來潮的時候我也會變身李大廚，進廚房做點新奇料理，給爸媽品鑑一下，所以對料理這方面，我認為還是有點天份的！

從小到大，老師都教我們「天才是靠百分之九十九的努力，加上百分之一的靈感。」所以光靠那一丟丟的天份可不行。要成為一個好「煮婦」，必須下點硬功夫才行！可想而知，勤快的沈伯人給了我多大的壓力啊！

　　我開始看些食譜，從相對容易入手臺菜開始，一道一道練習。我記得做的第一道臺菜就是世朋叔叔愛吃的豆豉鮮蚵，獲得高度讚賞，我立馬趁勝追擊，沒事就往市場跑，買各式各樣的食材回來研究、試做，包辦我們家廚房這部分的事兒，而且把它當成我的一門必修功課，認真對待絕不曠課，味道、擺盤都盡可能做到完美，除非去拍戲時間比較難掌握，不然就算是節目通告到晚上6、7點回家，我還是堅持自己下廚煮飯，讓世朋叔叔跟兒子都能吃到熱騰騰的愛心料理。

　　很多人聽到自己煮飯就怯步，覺得工程浩大、門檻很高，我承認確實不容易，但就是因為不容易，妳的勞動才更有價值不是嗎！萬事起頭難，一開始肯定會比較辛苦，慢慢地就會掌握一些技巧，也就是所謂的主婦小竅門，就算是上班族，也是可以利用

一些小竅門讓煮飯這件事情變得輕鬆一點。

比如我現在都會利用假日或有空的時間一次採買一週的量，然後把魚、肉跟菜一次性處理好，要煮的煮、要洗的洗、要切的切，再分成小包冷藏或冷凍，要吃的時候直接下鍋加熱，很快就能端上桌了。在此我也順便代表所有的煮婦們向冰箱的發明者雅各布 · 帕金私（Jacob Perkins）致敬。

自從開始煮飯後，我不只找到了自己在婚姻家庭生活中的價值，打消了最初那份一無是處的不安全感，還發現吃飯時間其實是很好的交流時光。餐桌好比一個群聊室，一家人坐下來，卸下一天的疲倦，邊吃飯邊閒話家常。

跟孩子聊聊今天在學校發生了什麼，跟老公交流一下彼此一天的狀況，往往一天中所有的壓力就在這個時候得到了紓解。傍晚的餘暉下，外面車水馬龍，一家人餐桌前說說笑笑，這不就是人間最美的煙火氣嗎？

努力讓家裡的小餐桌豐富精彩。

學著做台灣的餅。

山東人一定要學會包餃子。

我倒不是鼓勵所有女性都要精進廚藝，雖然我覺得這技能好處多多，但還是要挑拿手的，多少要有點興趣，才可能堅持下去。畢竟這不是做個一天兩天就完事得，可是要做一輩子的，一定慎選啊！順便也畫一下重點，最好是對方不會的，這樣才能更顯現出妳是被需要、無可替代的。不然他都已經會了，妳做難道是為了和他一較高下嗎？

　　我一直覺得，當沒辦法給予回報的時候，又怎麼能心安理得的接受別人對你的好！爸媽從小教我：「人家對你一分好，最少要用兩分去還。」所以世朋叔叔一手包辦所有家事，反而讓我有點壓力，當時我不知道我能為他做點什麼？也許有人會覺得「你們是夫妻幹嘛這麼見外？」或者「妳嫁給他，他就應該對妳好！」

　　但是我想說的是「世界上除了父母，很難有人可以無怨無悔地為你付出。」熱戀的時候乾柴烈火燒得又猛又旺，也許不會計較這麼多，但時間久了，柴火也有燒完的時候啊！兩個人相處是相互的，哪怕他一開始願意這樣單方面的付出，久了也一定會累，心裡多少會有一絲不甘。

女人在婚姻生活中創造自己的價值後，先生也會覺得1+1>2，有了妳，他不再是一個人孤軍奮鬥，而是多了一個搭檔，對婚姻會更加堅持。也因為妳是被需要的對象，側面提高了對方背叛妳的門檻，好比給感情加注了一層保險！其實這不只適用於婚姻，友情跟職場相處也要秉持相互之道，這樣關係才能長久，才能心安理得地去享受別人對我們的好。

妻子戰略筆記

　　婚姻生活很複雜，夫妻之間的感情維繫不能只靠愛。生活裡「需要」比「愛」更重要，要把自己變成一個一直被需要的人，那樣無論你們的婚姻歷經多少風雨，都會相守到老！

再牢固的婚姻
也要給自己留有退路！

　　結婚到現在十年了，我一直都有一份隱隱的不安全感，這份不安全感並不是來自我們倆的感情，而是來自於「環境」！

　　台灣對我來說是完全陌生的，陌生程度從 1 到 10 排序的話，那我應該有 10！沒有一條認識的路，沒有一個熟悉的朋友，有時抬頭看天空，覺得連雲彩都不一樣；整個社會模式和運作機制對我一個大陸人來說，其實都是完全陌生的。人在陌生的環境裡自然會感到恐慌，我不信誰要是漂流到荒島上，還有閒情逸致看海搞 BBQ。

　　我那時感覺自己好像突然間喪失了自理能力，幾乎做所有事情都離不開世朋叔叔的幫忙，這個老公幾乎要扮演我生活中所需要的任何角色，司機、助理、送貨員、朋友……我離開這個男人

一分鐘都不行，就像魚不能離開水一樣。

意識到這點，強大的危機感油然而生，畢竟我們不是長在一起的連體嬰兒，這要是發生點什麼事情，自己不是一點退路都沒有！就好比把所有身家性命都掛在了一棵樹上，太不保險了。

有時問自己：「如果有一天他出國工作，或者我們感情發生問題，總之不在我身邊了，我能不能一個人在台灣生活？」要知道萬事都不能太依賴於別人，一直這樣下去，不是被吃得死死的就是被拋棄！獨立的人格建立在獨立的人生上，該自己背負的還是要自己承擔！

所謂缺什麼補什麼，知道不熟悉台灣環境、沒有自主活動的

能力，我就先從這開始補起。因為一條路都不認識，踏出家門後連回家都有問題，何談退路呢？所以我鋪退路的第一塊磚，就是跑去學開車、考駕照，這樣也能順便認路，不然萬一吵架要離家出走，只能靠兩條腿，首先氣勢上就弱了，走不了多遠也不夠帥氣！

俗話說「在艱苦的環境中才能磨練出堅強的意志。」同理，在台灣這樣陌生的環境中，才能不斷地提升自己的技能！危機感讓我想要快速熟悉這個環境，獨立自主掌控生活，而不是全然依附另一半！考駕照這件事情是非常有必要的，這不僅是一份自由感，也是跟外界接觸的途徑，不管心情好不好我起碼都能走出這個家門，自由的空間一下子就變大了數倍。

後來我媽來到台灣時，我開著車帶她四處逛街、喝下午茶：有一天傍晚，我們剛逛完大賣場準備回家，我開車行駛在快速道路上，夕陽的餘暉灑進車裡，突然覺得生活好閒逸，我跟我媽說：「媽，妳知道嗎？我想這一刻想了好久，不必靠世朋，自己開著車想去哪就可以去哪，覺得好自由……」這份自由來源於我不再需要依靠別人。

每個女人都應該給自己準備條後路，當妳困在一個不好的環境裡，比如爾虞我詐的職場、遭到背叛的婚姻、被霸凌的人際關係，都有隨時轉身離開的能力和資本。

　　我不覺得提前舖退路就是逃兵，每場戰役在開打之前不都先規劃好撤退路線嗎？這只能叫未雨綢繆！我認為所謂的未雨綢繆，不單單是經濟方面，還包括各方面的能力。

　　用打遊戲來比喻，讓自己一關一關晉級，買多點裝備，從青銅慢慢練成王者。當你成為王者，跟誰組隊、組不組隊，都有很多的選擇權，就算沒人跟你組隊，也能一路殺到底，成為最後的贏家！

　　會想要跟大家說這個，是因為看到很多社會新聞寫老公如何家暴，或是如何背叛，而太太又不得不忍氣吞聲，不敢離婚，因為沒有工作沒有收入，離開了這個男人，不知道今後要怎麼生活，拿什麼養活自己或是小孩……

 第一次獨自開車帶媽媽喝下午茶。

「怎麼生活？！」這個問題其實讓我很驚訝，人在這個世界上本來就要有生活的能力呀，我不明白為什麼結了婚、有了老公之後，就可以讓自己喪失這種能力，變得不會生活了？當有天婚姻出現問題，牽絆妳想離婚也離不了的，竟然是因為沒有這個男人活不下去？

不要說妳是為了家庭和老公犧牲的，要知道這種過度犧牲沒人領情，因為妳是要以依附別人生活做為代價的，我要是妳另一半也想離婚，當一輩子縴夫光想都累死了，沒有一個人可以背著另一個人負重前行一輩子。

古人說「生於憂患，死於安樂」，我非常慶幸因為我們是兩岸婚姻，一開始有諸多的不適應，讓我剛結婚就處在憂患中。明白隨時保有憂患意識，才能讓自己不斷進步。

我家應該是大陸最早一批買保險的家庭，我爸媽很早之前就買了很多醫療險跟儲蓄險，那時候很多人都搞不懂，為什麼要花那麼多錢去保障可能根本就不會發生的事情。

但要知道人生的路實在太長太長了，在有能力的時候去規劃不確定的將來，有什麼不好？馬雲就說過：「保險是後路，在春風得意時布好局，才能四面楚歌有條路。」婚姻一樣需要我們去買個保險，但目的不是為了隨時轉身，而是隨時有轉身的能力。

妻子戰略筆記

　　「可以跨越千山萬水嫁給你，也可以退一萬步離開你。」婚姻裡的危機意識最終帶給妳的好處是成長。就像倉鼠一樣，總是到處儲存糧食，在平時風和日麗、果實纍纍時絲毫不懈怠，等到冬天大地一片蒼茫，可以抱著栗子大嚼，慶幸自己還有存糧。　幸福是給從未放棄過自己並一直努力的女人！

好的愛情和婚姻是
旗鼓相當、勢均力敵的！

　　我的婚姻在很多人眼裡是「有風險」的，就是大眾所說的「閃婚」。從認識到結婚不到半年，婚前只見了三次面，其實彼此並沒有太深入的了解，再來他又在演藝圈工作，在外人看來是光鮮亮麗、誘惑比較多的行業。

　　大家心裡應該都挺納悶，曾經交過很多女朋友的沈世朋最後為什麼會選擇我？畢竟他那時已經小有所成，而我才二十出頭，只是一個未經世事的小女生，又還是大陸來的。有不少人並不好看我們的婚姻吧！

　　當時有些外人總覺得是年輕的我高攀了沈世朋，尤其我還是從大陸嫁來台灣，話語裡總讓人覺得外籍配偶低人一等。記得有次我去家附近的一家理髮店洗頭，服務的小姐聽到我的口音

之後，就問我應該不是台灣人吧？我沒多想就回她：「對呀，我從大陸來的！」，當下她就用一種怪怪地略帶同情的語氣回我：「喔～妳是外配吧！大陸嫁過來的？」我當時覺得奇怪，心想大陸嫁來的怎麼了？我在大陸過得也不差呀！

回家後，我上網查了一下外配的相關資料，其實心裡是有點受傷和難過的，覺得自己為了愛情離鄉背井，千里迢迢嫁過來，怎麼莫名其妙就被貼上標籤了！也許說的人沒有惡意，但對於初來乍到的我，在陌生環境裡面對這樣敏感的字，還是很在意的！

從小就好強的我，從沒被看不起過，怎麼也沒想到有一天會因為一場婚姻就被人放入了塵埃裡，本來自己驕傲得跟孔雀似的，卻發現被當成了麻雀，這口氣我怎麼能吞得下？恨不得立馬

變成一隻刺蝟，把所有的武器都背在身上，時刻向世界宣告本人不好惹！內心小劇場各種暴動，天天摔鍋砸碗不甘心。

那段時間變得特別敏感，很怕被別人看不起，出門講話總是小心翼翼，深怕被聽出是從大陸來的。有時還病態地想，是不是多去買點名牌包包和衣服穿在身上，就不會被人看低了……

因為這樣，我總憋著一股勁兒要證明自己，覺得不管做什麼也不能一直在家裡窩著，我要工作、要賺錢，不是為了養家糊口，而是要經濟獨立、要跟外界打交道，讓更多的人認識我、了解我。

當一個偶然的機會，有八點檔找我去客串演戲的時候，我幾乎想都沒想就答應了，拍著桌子大喊「天助我也啊！」呵呵，根本沒考慮從沒演過戲的自己會不會？對我來說這是一個千載難逢證明自己的機會，可能真的是初生牛犢不畏虎，所謂的無知者無畏吧，也正是憑著這股衝勁，我開始了屬於自己的演藝生涯！

一路跌跌撞撞走到今天，過程中的汗水和眼淚也許只有自己最清楚，但我終於不再是當初那個初來乍到、永遠跟在世朋叔叔屁股後面的小女孩了。也明白最初**會那麼在乎別人的眼光，其實是因為自己心裡沒底氣。**

　　別人看輕你其實不是他的錯，是你把自己放在了塵埃裡，人家自然就很容易踩到你的痛處。一定要想辦法讓自己的翅膀變硬，站到跟鳳凰同樣高度的枝頭，看看鳳凰眼中的風景，才會知道自己原來也是鳳凰啊！

　　現在每當看出別人好奇世朋叔叔為什麼會娶我的時候，我都開完笑說：「看不出來嗎？青春的肉體（台語）呀！」我沒有再逃避這個話題，青春的確是我的資本，這沒有什麼不好承認的！我又沒打算一直以青春為資本，就算我能保持一百年不老，連續看一百年的青春肉體也會厭煩吧？

　　如今可以這樣坦然面對，是因為自己一直沒有停下前進的腳步，從最初的不甘，一心想要證明自己，慢慢、慢慢變成享受不

斷成長所帶來的喜悅跟滿足。現在我從老公眼裡看到的不只有最初的愛意，還有滿滿的肯定和欣賞，我知道我終於跟他真正地站在一起了！

　　像是灰姑娘跟王子的童話故事，很多人都會嚮往和憧憬童話裡的結局，灰姑娘和王子終於克服重重阻礙結婚，在一起過幸福的生活。

大家有擔心過他們的婚後生活嗎？畢竟婚前他們的生活天差地別，如果灰姑娘還一直安於當個灰姑娘，天天在廚房裡煮飯，打掃，沒有盡力把自己提升到一個王妃的位置，做些王妃應該做的事情，讓子民肯定她，你覺得王子可以跟她幸福美滿過一輩子嗎？皇室內部和外界會有種種的壓力與反對聲浪，就算王子一開始不予理會，時間久了也會被這些聲音所影響。

　　相信很多人都看過珍·奧斯丁（Jane Austen）的《傲慢與偏見》，故事的主軸是男女主人公最初因為地位的懸殊，彼此產生深刻的偏見和傲慢，讓明明互有愛意的兩人始終誤會，爭鋒相對，好在最終放下成見，解開了誤會，讓愛情順利進展。

　　在我看來它不僅反應了當時英國女權低落的社會型態，也告訴我們，彼此差距太大的愛情或是婚姻更容易產生誤會和紛爭。這是在提醒我們女性要意識到有權利會過得更好！這樣的愛情觀和婚姻觀，其實在兩百多年後的今天仍然受用。

　　好的愛情和婚姻是旗鼓相當勢均力敵的，在任何情況下雙方

都可以提出自己的要求，而對方也會認同你；當你不夠有底氣，自然說什麼都不敢大聲了，又何來認同一說？人一定要成長，如果我一直當個在別人看來什麼都不懂的小女孩，誰又會真正把妳當盤菜擺在席面上，恐怕連親戚朋友也會輕視妳。那在婆家又要怎麼立足？怎麼得到應有的尊重和平等對待？

培養勢均力敵的能力不是一朝一夕就能做到的，在愛情跟婚姻的道路上，如果努力讓自己跟另一半旗鼓相當，妳的成長也會激勵他，兩人一起相互幫助共同進步，你們的婚姻和生活一定會變得越來越好。

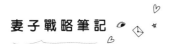

妻子戰略筆記

> 一個生命體不能完全依附在另一個生命體身上，我一直希望我不要像棵藤蔓一樣攀附在高大的喬木身上，而是讓自己也長成一棵喬木，這樣暴風雨來的時候，我可以站在他身邊，跟他共擔風雨！

夫妻相處要講義氣！

結婚時的宣誓，大意都是「無論疾病痛苦，我們都不離不棄」，每個國家雖然語言各不相同，但內容都大同小異。

中國有句老話我特別不贊同：「夫妻本是同林鳥，大難臨頭各自飛。」如果一方有難另一方就跑了，那叫「夫妻」嗎？那叫「戰略合作夥伴」！

夫妻的意義在於「陪伴」，人生的道路上，我陪著你，跟你作伴。難道只是在春光明媚的時候嗎？往往我們最需要彼此陪伴的是寒冬臘月，難道這個時候能說：「不好意思，我先去泰國渡個假！」在對方最需要溫暖的時候你走了，留下的往往是徹骨之寒，這好比婚姻關係裡的砒霜，毒之又毒！

　　譬如說今天太太感冒發燒在家,先生可能覺得留在家裡也只是倒杯熱開水放在床頭,沒什麼太大作用,不如出門上班以免被上司責罵。但有時候留下來不是為了要有什麼實際作為,而是一種陪伴,一種心靈上的慰藉。

之前老公有一顆多生牙發炎，必須開刀取出。當時我懷孕八個月，整個懷孕期間我身體不舒服到生不如死，還曾經在美麗華影城昏倒叫救護車，但他手術住院三天，我仍堅持在醫院陪他三天兩夜，直到出院。

早上六點多跟志工一起推著病床送他去手術室，我覺得身為太太這個時候就應該在身邊，我要讓他知道我在外面等他。事情已經過去7、8年了，有次上節目工作人員跟他順節目內容時，他提起這件事，說他老婆是最講義氣的人，心裡非常感謝我！我心想：「啊～原來他一直放在心上！」

夫妻之間的恩情，是先有恩再有情的，因為彼此恩重，所以情深。因為我不離不棄的義氣，所以老公也會感恩在心，對我情深似海！現在無論我去哪裡？要做什麼？世朋叔叔都會無條件支持並充當免費司機，我有時都懷疑是不是哪天突發奇想要去月球，他都能給我造艘宇宙飛船？

我常年都住在台灣，過年時世朋叔叔只要沒工作，都一定會陪

我回去大陸。這是因為我姥姥的驟逝對我衝擊很大，讓我發現「原來人真的會隨時死去」這個事實，所以我堅持每年都要回山東，陪已經快 90 歲高齡的爺爺奶奶一起過年，因為他們只有我這一個孫女，這麼大歲數過一個年少一個年，我不想再留下任何遺憾。

華人的傳統媳婦是要在婆家過年，婆婆有沒有意見，很大一部份在於兒子的態度跟有沒有好好溝通，這個時候先生的立場就會至關重要，世朋叔叔面對的不只是一個年、兩個年，他一直陪我回山東娘家過年，至今已經 6、7 個年頭了……

義氣是彼此追隨的必要條件。記得我在重慶唸書時侯，有個學姊非常優秀而且人也長得很漂亮，但她的男朋友卻平平無奇，我就很好奇當初她男朋友是怎麼追上她的？

後來才知道一開始在眾多追求者中，學姊根本就沒注意到他，直到汶川大地震發生時，距離震央不遠的重慶天搖地晃，大家都拚命往宿舍外衝，人慌馬亂的，學姊慌亂地跑出宿舍，發現這個男生著急地在宿舍門口，那時所有人都朝外面跑，只有他艱

謝謝你，讓我沒有錯過陪伴奶奶的最後一個新年。

難地站在人群裡，一動也不動地等她……

當時覺得這也太浪漫了吧？現在想想打動學姊的可能就是大難當頭，不離不棄的情義。伴侶間的義氣不見得要大到像發生地震時，我被壓在裡面了，你立馬徒手開挖，挖到鮮血淋淋也不放棄。而是平凡生活中，無論是事大事小，他好還是不好，都不離不棄地給他最好的陪伴！

婚姻就好比兩人一起相約去旅行，途中有美麗的風景，也會有艱難險阻，我們都有中途折返的權力，而此時此刻他沒走，留下來不只有愛情，還有義氣！

妻子戰略筆記

楊瀾女士有幾句話是這樣說的：「在婚姻裡不只有愛，還有肝膽相照的義氣，不離不棄的默契和刻骨銘心的恩情……」

像養豬一樣養老公

養有一部分是「培養」的意思，培養就是要教、要說，而不是讓他猜，因為他一輩子都猜不懂的。我婆婆就讓我公公猜了一輩子，當然也唸了他一輩子。他們那一代人往往更為含蓄，什麼話都喜歡說一半或者放在心裡不說！

記得婆婆曾跟我抱怨說：「你爸從來就不會送花，也不會跟我甜言蜜語。」我跟婆婆說：「那妳告訴他呀，『我希望有機會收到一束花』、『我希望聽點好聽的』。」我婆婆生氣地說：「說了還有什麼意思，唯一一次就是我跟你爸說買一束花送我，他才買的！跟他抱怨說話太硬，都不會講什麼好聽的話給我，他就回我『妳們女人都是死在甜言蜜語裡的』。」

哈哈哈哈，每次聽到婆婆抱怨這些，我都忍不住想笑，覺得他

們實在太可愛了！但想想就算我公公那麼固執嚴肅的人，嘴上叨念著女人都是死在甜言蜜語裡的，只要婆婆說了，還是會照著要求去買一束花回來，其實有些事情只要說出來，就變得很簡單了！

作為我公公的親生兒子，我老公那也是一脈相承的死板、不浪漫！可剛結婚時，我才22歲，小女生總是希望生活裡帶著一點粉紅泡泡，偶爾有偶像劇的浪漫情節，但對於那時已經38歲的世朋叔叔來說，彷彿希望生活更樸實一點，花裡胡哨的往往中看不中用！平常就算了，在情人節或結婚紀念日這種特殊日子也不製造一些些浪漫，讓我覺得這麼不動聲色，是不是因為他不愛我了？或者不夠愛我？常常發出靈魂的質問：「老公你愛我嗎？」

因為實在不解，我還找生命裡另一位「老情人」探討，為什

麼他都不懂我要什麼？是不是他不愛我？一個人糾結久了，問題就跟著升級了，開始懷疑我們之間的感情。

我爸這個時候總是回我：「妳跟他說嘛，妳教他呀，男人跟蠟燭一樣，妳要點他才會亮！妳幹嘛總讓人家去猜，猜不對就是不愛妳了？」我老情人居然站在老公那一方，這讓我非常訝異，還跟我說：「買花不如送兩斤肉給妳呢，燉個排骨吃不是比較實際嗎？再說了，妳要什麼就告訴他呀，不告訴他怎麼會知道呢？」

老爸說的男人不點不亮這個觀念，一下子點醒了我。你希望他照亮你的生活，那首先要先點燃它！不點火，怎麼能亮呢？男生的腦迴路本來就跟女生不一樣，就像網路上許多女生抱怨，男朋友送口紅總是送「死亡芭比粉」，迷一樣的審美，讓女生根本沒辦法理解這樣的顏色要怎麼擦在嘴上。

我覺得若要求男生一定要知道女生喜歡什麼，根本就是為難自己。就好比送生日禮物吧，哪怕我之前跟他逛街時，刻意趴在這個櫥窗上，不停暗示他：「這個好漂亮！」、「那看起來好適

生日收到的腳踏車還是很漂亮的。

合我 ……」，覺得這樣已經像司馬昭之心，昭然若揭了！他也還是看不出來我是要告訴他，不久之後的生日可以買這個當禮物，結果最後他搞了輛腳踏車送我，說讓我好好運動，對身體好！啊啊啊……我不要什麼身體好，我要心情好啊！有時真的會被他活活氣到心肝兒疼！

說到底其實我跟我婆婆很像，總愛讓對方去猜自己，覺得對方要是愛自己，或者在一起生活久了，就應該了解自己的想法。可沒有誰是我們肚子裡的蛔蟲，愛情也不是用「蛔蟲標準」來判定的，任誰找伴侶都不是按蛔蟲標準來找的吧！這樣想想其實女生有時候挺可笑的，總期望愛情裡的另一方看透自己，但他如果真的看透妳了，會不會又覺得他很可怕？懷疑他到底交過多少女朋友，才對女生如此洞若觀火。

從我公公、我爸爸到我老公，我觀察到大部分男人都不太懂老婆的喜好，但卻會盡力配合，我們做老婆的只要有耐心，慢慢教他，就可以在時間的長河中慢慢的潛移默化，修改成我們想要的模樣。

說簡單一點，其實就像養豬一樣，不需要讓豬去猜妳的心思，豬怎麼會猜懂呀！哈哈，妳想讓他往哪裡跑，就直接在後面趕著牠：喜歡瘦點的就餵精飼料，喜歡肥點的就餵廚餘，豬其實都吃的，養久了就成妳喜歡的樣子了。

　　養的另一部份的是「養護」，意思是保養跟維護。自己的老公自己養，妳作為老婆就有這個義務和責任。其實也跟養豬一樣，自己的豬自己餵，如果不好好餵，時間久了，不僅營養不良還會生病，最後遭受損失的不還是你這個主人？如果這輩子沒有要換老公，那就還是得要好好養著，養他的身體，呵護他的心靈，維護他一切利益。

　　人心都是肉長的，他知道妳對他好，就有份感激放在心裡，會心甘情願繼續留在這個豬圈裡，不然不用等柵欄缺口，你的豬也會想方設法逃跑了，狗急會跳牆兔子急了會咬人，更何況豬餓了，肯定會跑到別人的豬圈找吃的啊。

　　好男人是慢慢養出來的，不要指望一開始就是量身定制，誰

也不是誰肚子裡的蛔蟲，千萬不要拿「蛔蟲標準」去要求身邊的人，苦了自己也累壞了旁人。

最近很流行一句話：「別人的老公從不會讓我失望。」有時候你也許只看到了別人老公的種種優點，卻忽視了人家老婆花了多少心血去養成的，與其羨慕別人豬圈裡的豬，不如養好自己家的豬。

妻子戰略筆記

　　要做謎一樣的女人，是為了讓男人有興趣，而不是要男人猜謎語。開始我們是不是彼此的私人定制不重要，重要的是我們願意成為對方的量身定做！

選我所愛，愛我所選

　　我想很少人結婚是被人逼著用刀押著去蓋章的吧？這種只有電視劇才有的逼婚情節，現實生活裡應該不會遇到！我們都是愛一個人愛得昏頭腦熱才結婚的，這點非常重要！結婚一定要選個自己特別特別愛的人，這樣婚後對不滿的接受度就會比較高一點。

　　就像買了一件限量又特別喜歡的衣服，如果收到貨的時候發現衣服掉了一個扣子，也會捨不得退貨，自己拿針線縫上，但如果一開始就沒那麼喜歡，面對意料之外的殘缺，是不是就直接退貨了？

　　因為結婚重要的不是看這個人有多少優點，而是看他的缺點是不是你能接受的，像世朋叔叔個性木訥，婚前我就很清楚了，覺得這其實也是老實，為人忠厚。

但這件事情有兩面性，好的一面叫古意，壞的一面就是不夠圓滑、不會為人處事。對我來說，他個性上的這個缺點，是很容易接受的，也有了心理準備，那麼婚後的相處就不會遇到太大的矛盾和爭執。因為夠愛所以就會比較包容，也就是俗話說的「情人眼裡出西施」。

　　他的缺點對別人來說可能是泥濘不堪的沼澤，但對我來說是富饒的水稻田。每件事情都是一體兩面，婚前你儂我儂時覺得是優點，婚後看不順眼時就變成缺點，他其實沒變，而是你變了！

　　有些人婚後就會陷入「別人的老公總不會讓我失望」的狀態，不斷拿自己的老公跟別人比較，看別人老公送新包包，就抱怨自己老公賺得少、看到別人和老公出國玩，就抱怨自己老公沒情調、

還有看了韓劇就抱怨老公長得不夠帥，愈來愈邋遢之類的問題。

我想問：「老公一直是同一個人，這些問題應該之前就有的吧？為什麼現在才來抱怨？或者當初能接受為什麼現在又不能接受了呢？」

　　選我所愛也許很簡單，但堅持愛我所選就沒那麼容易了。因為生活總會遇到各式各樣的誘惑，而人都是貪心的，覺得沒有最好只有更好！我們總希望把日子過得越來愈好，好了一點就要再好一點，步履不停。

就像我跟世朋叔叔剛結婚那時，房地產市場極好，很多人手裡有點錢就拿去買新房。我們那時住的是已經買了快十年的房子，我覺得結婚應該再買一個新的，更大一點的，這樣比較舒適。

那段時間我不停的拉著老公去看新房，搞得他壓力很大，他剛結婚要開始負擔一個家庭，之後可能還要養小孩，這時候拿手上所有的錢去買一個新房子，之後還要支付房貸，對於他真的「亞力山大」。他嘴上不說極力地迎合我，私下卻不像以前那樣嘻嘻哈哈了……當我有一天突然發現他的鬱鬱寡歡時，才發現自己差點為了慾望，丟掉了我們原本愜意的生活和當初我愛的那個陽光少年。

人在大環境的影響下很容易迷失自己，也會不停設法改變身邊的人，好去迎合社會大眾的要求，以為這樣是為他好。也許他會在你的鞭策下成為你要的樣子，但那時的他還是你最初喜歡的那個他嗎？你還是曾經的你嗎？他也還會像最初那樣喜歡你嗎？

得隴望蜀，欲壑難填，我們一味地追求所謂的慾望，其實也在排斥現有的生活，**總以為之後會更好，可在終於翻山越嶺來到**

一直心心念念的山巔時，卻發現，當初陪你看風景的人早已經不在了……

婚姻不是一所改造營，也不是一齣變形記。當對方改不了就要試著去接受，修改自己錯誤的期望，而並非執迷於一個又一個的改造計畫。婚姻，很重要的是包容對方的一些稜角，而不是抹掉那些稜角。如果每個太太都手拿一把銼刀，那生活裡還能有詩和遠方嗎？

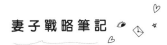

妻子戰略筆記

所謂初心易得，始終難守。守住初心，需要保持清醒，記住一開始愛上的那一個人，和愛他的理由。所有的濃情蜜意都值得好好珍惜，不要忘記當初自己是為了什麼而上路。

金錢觀念，婚前婚後大不同！

結婚後老公主動把收入都交給我，讓我負責打理，一方面是因為我沒有收入，讓我手上有點錢，想買什麼就買什麼，二方面是我嫁來台灣可能沒有安全感，手上有些錢會比較安心。

這一點他真的很貼心，我嫁來這裡就是個 0，手裡什麼都沒有，他把財政大權交給我，的確讓我非常安心和放心。但相對地，壓力也很大，之前沒有任何理財經驗的我心想：「天啊！把這麼重大的責任給我，該是多麼信任我，一定不能辜負他。這些錢是他辛辛苦苦拍戲賺來的，是血汗錢，不能給人家亂花。」

爸爸都是疼女兒的，從來捨不得我吃苦，來台灣逛街，看到我喜歡什麼，總說：「買啊！買啊！」我說：「不買，太貴了，要省一點，這可是我老公的辛苦錢。」結果我爸聽了火冒三丈，拼命質問我：「當

初花我的錢為什麼不是這樣子呀！買什麼連眼都不眨。你老公的錢是辛辛苦苦賺來的，那你老爸的錢就大風吹來的呀？」哈哈哈，可憐的爸爸又被無情地傷害了，他覺得我差別待遇太明顯，心裡極其不平衡。

這也不能怪他，因為結婚前我簡直以花我爸的錢為樂，女生嘛，購物慾是與生俱來的，總有很多喜歡的小東西。從小爸媽對我又沒有什麼零用錢的限制，上學時沒錢就跟媽媽發信息：「媽咪～Money 快沒了，打點錢來吧！」或是想買什麼預算之外的東西就找工具人老爸：「親愛滴～你支援一點吧？」還是典型的今宵有酒今宵醉，有一分錢花一分錢，從來沒有攢錢習慣。跟老情人要錢也要得天經地義，完全沒有那種不能花家裡錢，死要面子的自尊心。現在想想，當時活脫脫一個敗家子啊！

不曉得老公要把錢交給我管時，知不知道我的光輝歷史，要是知道的話，那還真是不管不顧的真愛啊！我結婚那時還太年輕，對台灣社會也不是很了解，所以最初的理財重點就是「守」，理財首先要守得住，當老公給你十塊錢，一年後十塊錢還在，這是最基本的，這樣老公才會放心，想說：「哇，真是個蟾蜍啊，咬著錢不放，安全呀，可以繼續再多放一點。」

　　相信很多太太都想爭取擔任財政大臣這個角色，如果夫妻中妳是比較會理財的的，那我覺得沒什麼不好，但事前一定要溝通好，獲得先生的認同！自己先排出一份收支計畫，訂出目標跟計畫，例如把收入分成三份，一份家用、一份存款、一份拿來出國玩樂，希望多久以後買房子，或是多久出國玩一次，把妳認為符合家庭狀況的計畫跟老公溝通，錢的流通去向交代得明確清楚，也適時聽取採納對方的意見和要求。

　　要知道管理者僅僅是管理，支配權是雙方共有的。這一點一定要清楚，不論你們家是夫妻收入共有，還是 AA 制，財政一定要民主合理，不能獨裁專權，而且要做到清晰透明，相信大部分先生

都會願意把錢交出來給妳管，畢竟多個會計算錢沒什麼不好的。現在很多人不都把錢交給銀行的理財專員管理嗎？如果自己老婆能管好，何嘗不可。但如果妳對數字特別迷糊，整天丟東落西，就千萬別替自己找麻煩了，累了自己，也害慘了老公。

很多女生會覺得談錢是不是傷感情呀，特別剛結婚的時候，想到開口講錢的事情就尷尬，生怕對方會誤解自己是個財迷。可千萬不能存有這樣的想法，俗話說得好「先小人、後君子」，既然不能避免，越早講清楚越不尷尬。

比如我們剛結婚的時候，老公的存摺是放在婆婆那邊的，我經歷了一番思想鬥爭後，還是主動開口請老公去找婆婆拿回來；很多女生聽到都會倒抽一口氣，覺得我真豪橫呀！一結婚就跟婆婆要存摺，那婆婆會不會誤會？可我覺得既然結婚了，又和公婆各自分開住，經濟一定要獨立，婚後這存摺如果一定要放在一個人手裡，那也應該是在我們夫妻手上呀！

經濟主權是屬於我們的，總不能每次有什麼開銷都跑回去跟

婆婆請款吧?再說原本兩個人的事情,變成了三個人的事情,產生矛盾的機率也跟著上升了,更何況第三個人還是婆婆大人,萬一之後因為消費或理財觀念不同而產生矛盾怎麼辦?不如趁早擺明立場,要知道婆媳之間可不像夫妻之間可以「床頭吵、床尾和」。

　　以上的故事我來畫個重點好了:

1、要存摺當然是做兒子的老公去要,妳可別傻傻去當砲灰。

2、跟老公溝通方式要注意,不要像律師或法官,撒嬌的女人會好命。

3、夫妻要自立門戶,經濟獨立,才不會因為錢的事情跟婆家產生矛盾。

　　我會特別提出婚姻裡的金錢問題,因為 80% 的婚姻問題,都是錢的問題。如果夫妻間金錢觀念不一致、有分歧,必然會產生很大的問題。常常談錢確實傷感情,因為生活費、小孩的教育費、孝親費,分攤不均或者彼此消費觀念不同,原本和諧的家庭生活,變得爭執不休,一拍兩散的小夫妻們比比皆是。

但如果夫妻雙方有好好討論過，對家裡的金錢管理有了一致的分配計劃，那就省去很多麻煩，無論是共有制還是 AA 制。都不用為了想買個包或買個遊戲卡就偷偷摸摸瞞著對方，只要事先溝通過，在自己的零用額度裡犒賞自己就好了，彼此有空間又有一致的目標，做起事來不是事半功倍嘛！

　　夫妻之間財務的任務分配越清楚，對於家庭的財富越有幫助。我跟世朋叔叔就是從結婚一開始就達成了共識，他負責賺錢，我負責規劃，告訴他每部份錢的去向，因為有清楚的規畫，在資金漏洞的時候就會及早發現，才能盡快改善。

　　我們每年還會有個小的短期目標，和一個長遠的計畫目標。達不到目標的時候，作為太太我會盡量減少不必要的開銷，減輕老公壓力。當達到目標的時候，我們也會拿出多餘的錢來犒賞自己。後來我也開始工作有了收入，就會跟老公一起承擔經濟重任，也一起為家庭和我們的小金庫奮鬥，我們是夫妻亦是戰友。

　　並不是每個太太都喜歡管錢，也不是只有太太掌控財政才

好，這取決於意願和能力。但無論誰來管，記住，**尊重對方的勞動所得和分配建議，協商一定好過爭執，建立一致的金錢觀和財務目標是婚姻生活裡至關重要的一步。**

妻子戰略筆記

> 　　以「信任」為基礎，「溝通」為方式，建立「一致」的金錢觀念，是美滿婚姻的前提條件。對於張愛玲來說「出名要趁早，來得太晚的話，快樂也不那麼痛快」；對於婚姻來說「談錢要趁早，談的太晚的話，幸福也不那麼痛快」。

給彼此開小差的空間

現在通訊發達，很多女生都會疑惑或糾結一件事情：「我到底要不要檢查男友或老公的手機？」我個人是從來不去查老公的手機，首先，我們又不是搞偵查的，天天硬要弄得自己跟特務一樣，監視另一半，累不累啊？**疑心易生暗鬼，很多事妳越多想越易生事，不多慮的才是聰明人！**

俗話說：「在天願做比翼鳥，在地願為連理枝」，什麼是比翼鳥？什麼是連理枝？是只有一部分連在一起，其他各部位還是可以自由活動啊。戀愛或是結婚，只是兩個人情感上的一種連結，並不是生命共同體，什麼都要綁在一起，誰都不想做連體嬰兒吧？那樣的連結是一種沉重的負擔，會讓愛情裡所有的美好消耗殆盡。

有的情侶一起逛街，男生只要瞄一眼擦肩而過的漂亮女生，女朋友就馬上生氣，這對我來說滿莫名其妙的。為什麼女生可以同時喜歡好幾個「歐巴」，男生就不能在大街上看一眼漂亮女生？

　　記得我在重慶唸書的時候，重慶方言裡把在街上看漂亮女生叫做「打望」，我當時就覺得這個詞形容得好，非常貼切。「打望」字面意思就是打量著觀望，實際操作則為「發乎情止乎望」，出於對美好事物的欣賞，也只是欣賞而已……

　　我一般看一部韓劇就換一個老公，這難道就是愛上了別人、背叛了愛情？真要是那樣，世朋叔叔早就氣死了，其實那跟男生在大街上看一眼漂亮女生一樣，純粹欣賞，跟感情無關！我們家老公的女神是孫藝真，難道我就要跑去韓國跟他女神一較高下？

那倒真成神經病了！

　　知道他喜歡的類型，我就把自己打扮成跟孫藝真一樣，說是向他女神看齊，其實是自己想買衣服，哈哈。我還會陪他一起看《愛的迫降》，他看孫藝真我看玄彬，大家各取所需還能有共同話題，不是挺好嗎？

　　老公不會介意老婆看一部韓劇就換一個老公，為什麼老公欣賞某一個女生，老婆就要吃味？男人沒有一直把注意力放妳身上很合理啊，不管多漂亮的女人，24 小時一直看都會審美疲勞，再怎麼愛吃的菜，每天三餐一直吃也是會吃到想吐吧。夫妻倆彼此看久了，是會暈臉的，他偶爾躺在妳懷裡看看遙不可及的蒙娜麗莎，有什麼不可以的？

　　夫妻除了要給彼此思想的空間，還要有生活的空間。有些老公下班回家吃完飯，喜歡玩玩手機或是電腦遊戲，老婆就不高興，覺得好不容易回家了卻不陪她。

陪老公一起製作手工藝。

人都是需要一個空間和方式去釋放壓力的，白天工作也許已經精疲力盡，晚上回家還要應付一直糾纏自己的老婆，雖身為女人，我也要為其抱不平啊！太太們要學會支持另一半進行合理的娛樂活動，給另一半喘息的空間。

世朋叔叔最早喜歡玩遙控飛機，後來又喜歡打桌球，我覺得都很不錯，只要不是廢寢忘食太過份或是玩到不回家，我都不會妨礙他的興趣跟自由。

我有個姊姊，老公熱衷打高爾夫球，她就努力學習，陪老公一起打，夫妻倆常常一起出國打球，立志遍全世界所有漂亮的球場，出雙入對的讓我們都好羨慕；老公的弟弟一家很喜歡露營，一有時間就全家大小去山裡安營紮寨，我妯娌更是一個人就能搭起全家人的帳篷，讓我直呼太厲害了！與其阻止另一半的興趣愛好，不如參與其中，這樣不僅少了爭執多了陪伴，還能增加共同話題，好處多多呢！

有種太太是只要老公一回家就撲上去巴在他身上，滔滔不絕

講著今天家裡發生的瑣事，「某某賣場今天買一送一了」、「樓下先生今天又和太太吵架了」、「倒垃圾的時候袋子破了」……雖然太太也有自己的苦悶，終於等到有個人回來跟她說話，但也要想想先生回到家以後，好不容易有點時間打打遊戲放鬆，卻要規定他全副精神聽這些根本沒興趣的事情，簡直是精神轟炸！

　　就算在家當個全職太太，也一定要找到自己的興趣愛好，讓自己有成長的空間和交友圈，這樣才不會讓婚姻生活陷入無氧的窒息感當中。

妻子戰略筆記

　　五花大綁，綁來的不是好的婚姻，好的婚姻是他看遍了世間所有風景，還依然在妳身邊。有時靠得越近，往往離得越遠，適度的獨處空間可以讓彼此好好放鬆，煥然一新的不只有輕鬆身體還有重新歸零的心情。

婚姻裡的愛都藏在細節裡

　　婚姻，是兩個人約定牽手相伴，走過人生的數十寒暑。誰不是愛到深處才牽手的，**原本以為最能動搖彼此的是想像中的大風大浪，但最後才發現磨光愛情的是那日積月累，從不放在心上的小事情。**

　　我們最常聽到夫妻之間的爭吵一般都不是什麼驚天動地的大事，而是為了怎麼擠牙膏、如何教小孩、誰來洗衣服，這些芝麻綠豆的小事情，但這種小事天長日久地累積，慢慢就磨光了愛情，成為彼此放棄的原因，最終以一句性格不合離婚收場。夫妻會走到這個結果，講白了並不是什麼性格不合、生活理念不同這樣的官方理由，是對另一半死了心。

　　譬如說妳感冒了，問老公可不可以在家陪妳？對方覺得只是

感冒，不是什麼大事，於是敷衍幾句，無動於衷地去上班了。被留下的妳，一個人在家，當下心中「指尖空曠，心生悲涼」的孤獨感油然而生，說不定也會冒出：「我為什麼嫁給這個男人？」的想法，不是什麼大事，卻足以讓妳開始懷疑愛情。

為什麼我會來說婚姻裡的細節，因為我就是個很容易被小細節感動的人。吃蝦的時候，老公總會把第一個剝好的蝦子默默地放進我的碗裡，雖然我最喜歡吃的並不是蝦子，但那是他最喜歡的，所以總習慣把他認為最好的先讓給我。

吃飯的時候，如果這道菜是我喜歡吃的，他就幾乎不動筷子，開始我以為是他不喜歡吃，可等我吃完了，他就默默地把剩下的全吃光了。也許我們都不缺一隻蝦子一口飯菜，但今天他會讓我

一口吃的，我就相信他今生都會讓著我。

很多時候，先生都會忙於工作而忽略了太太，或者根本不懂太太到底需要什麼？其實很多時候兩個人一起生活，最需要的是來自另一半的呵護。

我是個在家裡常常忘記穿拖鞋的人，老公總會默默把拖鞋放在我腳下，提醒我，或者把腳上的先脫下來給我穿。我走到哪裡拖鞋就常常丟到哪裡，老公也就拿著拖鞋滿屋子追我……對我來說，他遞過來不只是一雙拖鞋，而是對另一半的呵護和疼惜。

我到了冬天特別怕冷，討厭鑽進被窩時那種冰冰涼涼的感覺，剛結婚時，我洗澡總是聽到房間裡轟隆隆的特別吵，有次出來一看，原來是老公把吹風機當成烘被機，一直往被裡吹熱風，我當時說他太好笑了，這樣要吹多久才能熱？可也許吹風機吹不暖被窩，但卻能吹暖我的心，讓我躺下去一點也不覺得異鄉的冬天寒冷！

夫妻都是相互的，他對妳好，妳也要對他好，不要以為男生不需要、不在乎；恰恰相反，我常常覺得男生應該一輩子都沒斷奶，敏感且需要呵護。他們常常外表堅韌，內心脆弱，在遇到挫折時也礙於男子漢大丈夫的面子，強顏歡笑。現在社會壓力這麼大，很多男性在職場都承受著巨大的壓力，我曾看到過一則新聞，一個上班族醉倒在地鐵站，值班人員詢問是否需要幫助時，他哭得像個孩子，訴說著自己工作上的種種不易和壓力，我不知道他太太看到這樣的畫面是否會心疼？

　　我有一套「三杯水」呵護大法。老公工作回家，一定適時送上一杯白開水，說聲「老公～辛苦了」，也許一天的勞累在這一刻就會得到紓解。喝酒應酬宿醉時，隔天早上起來，看到床邊有杯蜂蜜水，一定會感覺特別窩心。工作加班熬夜時，遞上一杯熱咖啡，當時也許嘴上不會說什麼，因為這事情太小了，但心裡一定是溫暖的。簡簡單單的三杯水，就會讓老公有被照顧被注意的感覺。

**　　生活中往往有太多細節都被我們忽略了，隨著相處時間的增**

長，會把對方的付出和優點變得理所應當和習以為常。

比如我和老公結婚之後，很多家務都是他在做，拖地、洗碗、打掃衛生，雖然我也有分擔其他家務，但也絕對不能認為這是他應該做的，只要他做了就一定值得獲得一句稱讚和感謝。說聲謝謝很容易，但很多夫妻卻在婚姻的長河裡慢慢忘記了。

在太太熱火朝天的做完一頓飯的時候，你忘記了；在先生辛苦工作回來還幫忙帶小孩的時候，妳忘記了；因為事情實在太小了，所以大家都忘記了感謝。

生活中能有多少機會發生像電影《鐵達尼號》裡面 「You jump! I jump!」這樣驚天動地，為愛捨身相救的事情；很多時候對方遞過來的不是救生衣，而是一隻蝦子、一雙拖鞋，但成分是一樣的，都是愛啊，愛就不應該被省略和忽視！

妻子戰略筆記

多少婚姻始於夢幻，終於瑣碎。心理學家威拉德・
哈利提出過「情感帳戶」的概念。夫妻關係就像一個帳戶，
每次讓對方開心、感動，都是在帳戶裡存款；每次讓對方
痛苦、失望，都是從帳戶裡提款。千萬不要讓生活裡的瑣
碎提光了你們的帳戶。

請相信愛情，為愛勇敢！

很多人怕進入婚姻會被禁錮，想要彼此之間保有一種自由感，換句話說，其實就是對自己或兩人的感情沒有信心，想要隨時可以抽身而退。那樣的愛情，確實不適合走入婚姻，因為過於薄弱了，我甚至覺得稱做不了愛情，因為真正的愛情在我眼裡是偉大的！

之前汶川大地震，一張名為「給妻子最後的尊嚴」的照片廣為流傳。照片中丈夫把已故妻子的屍體用繩子綁在背上，騎著機車送妻子回家。男人看起來就是個木訥的老實人，記者問他為什麼還要背著死去的老婆？他只說：「就算她死了，我也不能把她隨便丟在那兒呀！」對亡妻的深情感動了所有人，被網友稱作「最有情意的丈夫」。

細細想來，這比先生開著挖土機去救人還要感人，畢竟開著挖土機去挖，起碼還存著一份希望，但死去老婆卻是一份負擔，他沒有丟下她的屍體，是至死都不離不棄啊。

　　我在生小孩之前，覺得這世界上最偉大的感情是來自父母的親情，但經歷結婚生子之後，我認為世界上最偉大和奇妙的情感是愛情！因為在兒子出生的那一刹那，看到那個我從沒見過面的小肉球，幾乎是一瞬間就本能的產生了母愛，確定了這是我生命裡最重要的人。

　　從沒有見過，卻在第一眼就產生願意為他去死的感覺，這種血濃於水的情感是與生俱來，是人類的天性。但愛情不一樣，你跟這個人沒有任何的血緣關係，卻可以愛得死去活來，願意為他付出生

命裡的所有，想方設法對他好，甚至能為他不顧自己的生命。

不管什麼時候都請相信愛情，因為只有相信了，才有機會遇到！我很感謝在年輕的時候就遇到了愛的人，給了我一份真摯的愛情，也慶幸 22 歲時就結婚了，讓我在感情路上沒有遇到什麼挫折或傷害，對於愛情依然滿懷信心。

但我也有很多朋友在感情裡遭遇傷害，之後就不再相信愛情

了，覺得結婚的對象是一個過起來舒服合拍的人就好，婚姻生活就是兩個人合著過日子，基於最現實不過的相依為命。

我忍不住問這些朋友願意為自己老公去死嗎？她們非常驚訝看著我，不帶思考的搖頭，說當然還是自己活著的好！在她們看來我問了一個特別滑稽的問題，我承認這個問題比較極端，但我只是想確定她們婚姻裡「愛」的份量究竟有多重？

婚姻需要非常牢固的愛情作為基礎，因為結婚是一件非常不划算的事情。如果拿婚姻當中很多事情來跟單身的時候作利益權衡，看起來都是得不償失的。我跟老公說過，如果我們分開了，之後我可能不會再結婚。

因為發現談戀愛是對一個人、一份感情負責任，結婚卻是對一個家庭中的各種情感負責任，要考慮和承擔的事情太多了，算下來，一直戀愛好像比較省事兒！但婚姻從頭到尾都是不能拿來換算的，當你答應結婚，就已經賠了。當你們愛情的份量不多時，試問你會願意付出多少，又有多久呢？賠本買賣，請愛深了再來！

結婚這個看似幸福快樂的結尾，實則是所有考驗的開始，就跟養小孩一樣，是一段不停在付出的過程。《紙婚》中寫「**喜歡一個人，只需要一時的勇氣；而守護一場婚姻，卻需要一輩子的傾盡全力。**」

我問過朋友也問過自己，這輩子後不後悔做了結婚這個決定？大部分人都不後悔，如果重來我們還是願意做同樣的選擇，因為得到的東西比失去的更有意義！婚姻推動了生命的進程，我彷彿擁有了一個太陽系，家庭是我的太陽，我像地球一樣圍著太陽轉，晝夜不停，雖然辛苦，但吸收到了生命成長所需的陽光。

我問過老公為什麼想要結婚？他說之前有時候拍完戲回家，覺得家裡空空的，很想有個人等他回家。遇到我之後，就只想和我度過餘生的所有時光…… 婚姻其實是有點盲目，說不清、道不明。

我們其實都不太清楚為何一定要做這件事，只知道我們想做這件事，無論後果如何。**與其說婚姻是給愛情一個名份，不如說是給我們自己一個名份，以愛之名許彼此一個天長地久的承諾！**

婚姻是一種更進階愛的表現，在不停付出中感知愛情和生活的美好，看似辛苦卻也甘之如飴。所謂的陽光雨露都不是實際利益可以換算的，是滿目瘡痍還是山花爛漫，端看你如何感受。

很多人總認為婚姻是愛情的墳墓，好像任何愛情一旦走入婚姻就會枯萎死去，比考不上大學還悲觀；但如果真心愛個人，將他深深刻進自己的心裡，要是離開他就如同將自己殺死一樣，這樣愛過的人，又怎麼會輕易丟下？為了他，就算前面是地獄，也要往下跳。那麼請勇敢地跳到愛情的墳墓裡看看，這裡必定繁花似錦、四季如春，因為有愛！

妻子戰略筆記

　　幾米在《婚姻的意義》中寫到：「我彷彿已經很久很久都沒有聽到有一個人說，他要結婚是因為很愛很愛一個人，因為想要和另一個人永遠在一起。」

Chapter 3.

寫給媳婦們的
求生指南

請先調整好心態，
永遠不要對婆婆有期待！

　　婆媳真的是世界上最微妙的關係，雖然結婚後妳管她叫一聲媽，但妳們卻沒有任何血緣關係，甚至在認識妳老公之前，妳們根本是豪不相干的陌生人。請問這樣的關係會有多深的感情基礎？

　　當然也不排除有一少部分人是和男友交往多年，婆媳雙方在婚前已經相知甚深，大多數的媳婦在婚前是沒有跟婆婆有太多接觸的，可能只是吃過幾次相敬如賓的節日餐。像我婚前只跟公婆見過兩次面，還不如跟樓下小賣部的阿姨來得熟！

　　記得我第一次看到婆婆，是在和老公的視訊裡，我們那時剛確定戀愛關係，他在婆婆家吃飯，跟我視訊的時候，就直接把他們叫來跟我打招呼，幫我們互相介紹了一下，當時簡直太突然了，嚇得我倒抽一大口氣，五臟六腑都直哆嗦，出自本能地想馬上關

掉電腦。

這種與生俱來的緊張感和排斥心理也讓我很驚訝！我第一次到台灣真正見到公婆時，突然意識到一個問題，老公大了我整整16歲，我公婆的年紀自然也大我爸媽非常多，公公幾乎跟我外公同齡了，聊天過程中也可以感受到了濃濃的歷史沉澱感，我開始擔心婚後相處會不會出現無法跨越的代溝，我能做好他們那代人心中的好媳婦嗎？

雖然是在毫無預警和準備的情況下，拜見了我未來的婆婆大人，但一直覺得她對我的第一印象應該不會太差。

直到前不久和婆婆一起上談話節目，聊起這段往事，我才知

道婆婆對我的第一個印象是：「年紀這麼小，怎麼打理家裡，能照顧老公嗎？」 我猜婆婆那時候看到我，心大概也瞬間涼了一半，開始擔心兒子婚後的生活⋯⋯因為婆婆一直想老公能趕快結婚，就是希望有個老婆幫忙打理家裡，照顧她兒子的生活起居，她覺得兒子已經很不成熟了，再找個小十六歲的女朋友結婚，這是打算玩辦家家酒嗎？

婆媳關係剛開始時，婆婆有婆婆的顧慮，媳婦有媳婦的擔心，

彼此想的其實都沒有錯，只是兩人的出發點本就不一樣，心中自然各有一番打算。

像我們這種兩岸婚姻，還存在一點點文化差異，一開始婆媳雙方的心裡肯定都存有一些疑慮。這是非常合情合理的，我們都需要時間去認識、了解彼此，從而消除擔憂或是包容對方。這是個必然的過程，所以媳婦千萬不要想像婆媳關係很美好。

往往越有期待就越容易受傷害。好比期待得到一筐蘋果，結

果婆婆送了一大串香蕉，跟預期不一樣你肯定會失望，埋怨為什麼是香蕉而不是蘋果。但一開始如果沒有期待是蘋果，在得到香蕉的時候不僅不會埋怨還會感謝！

很多婆媳關係出現問題，都在於彼此期望值太高，媳婦期待婆婆像自己媽媽一樣對待自己，婆婆期待媳婦具備所有理想太太的標配。

婆媳兩人本就是因為一個男人而認識，一紙婚書又變成了一家人，而感情是需要時間慢慢培養的，沒有血緣關係，怎麼可能立馬就像母女一樣親密無間呢？

婆婆會不會對妳好，一開始真的不要想太多，我的當時心態是：「婆婆大人只要不找我麻煩，動不動就給我立規矩就好。」抱著這樣的想法，我婆婆對我簡直是再好不過了，絕對超過預期的百分之兩百，這樣一來，我自然也會心甘情願地孝順婆婆，所以婆媳關係一開始就是良性發展。

期望就意味著失望，哪怕妳對婆婆先示出善意，也不要期待她會拿同等的善意對妳，因為這也是一種期望，期望著公平。但在家裡，沒有任何所謂的公平，愛本來就沒辦法秤斤論兩來算，不是嗎？做媳婦的自己需要調整一下對婆婆的心態，畢竟我們搶了人家的兒子，就好好回報吧！

媳婦生存筆記

期待兩個從未相處過的陌生人要一見如故，簡直就跟去買彩票期待自己一定中大獎一樣，必然失望收場！永遠不要拿婆婆和自己的媽媽比，與其要求婆婆如何對待搶走兒子的自己，不如拿出敬老愛老的傳統美德，將心比心，時間久了自然親如母女！

打下娘家和婆家的良好關係，
新媳婦的日子就好過了

娘家永遠都是一個穩固的靠山，哪怕在敏感微妙的婆媳關係上，也諸多助益。這一點是我婚後從我爸媽那裡得到的啟示。

我爸媽跟公婆是相處得非常愉快的親家，首先山東人講究禮尚往來，不管婚前婚後，我爸媽來台灣絕不空手，一定會帶伴手禮來送給我公婆，就連我回山東過年，也會交代我要買些禮物帶回來送給公婆，俗話說的好「禮多人不怪」、「禮輕情意重」，這其實代表著娘家人對婆家的重視和禮遇，一份小小的禮物既可以表達人與人之間的情誼，也是聯絡感情的好方法，哪怕千里之外，只要有心依然可以拉近距離。

同樣爸媽也會提醒我很多的禮數，像我現在出遠門，哪怕不是出國只是出了台北，都會帶個當地特產回來孝敬婆婆，這是從

小的家教，代表我們晚輩雖然出門在外但心裡都還惦記著家裡的長輩。這些禮節不能因為相處久了，就不在乎或者省略了，一個禮數周到的媳婦，會提升婆家對娘家的好感度，娘家的好教養是妳在婆家要立一輩子的人設！

媳婦其實就是娘家立在婆家的一面旗，好壞其實都代表著娘家。媳婦做得好，公婆會誇親家教得好，當然媳婦若是做得不好，公婆也會埋怨親家沒教好。所以婚後妳和娘家人是一體的，一榮俱榮、一損俱損。反之如果妳父母做得好，對妳這個做媳婦的自

然也是非常非常加分的!

我結婚時年紀實在太小,爸媽當然會擔心我跟婆家人的相處,好在我爸媽還是挺明白的人,把事情拎得特清楚,只要娘家人跟婆家的關係好,這媳婦日子自然就好過很多!想想當媽媽拉著婆婆的手殷切地說:「我這閨女不懂事,以後就拜託妳照顧了!」這媳婦的立場馬上從搶兒子的敵對關係變成被囑託的對象。

加上我爸會喝點小酒,公公也愛喝一杯,兩個人不管在山東還是台灣,見了面總要喝上幾杯,三杯黃酒下肚,很快就變成無話不聊的好兄弟。好哥兒們自然會拜託:「我這閨女年紀輕不懂事,麻煩你們多照顧了!」當公婆被我爸媽這樣請託,那看在他們的面子上,對我自然諸多照顧,盡量包容,連眼神都能有多慈祥就有多慈祥。

娘家和婆家的這層關係若運用得當,其實會讓公婆對妳產生疼愛跟責任感,這對婚後剛開始的磨合上有很大的助力。

媳婦作為一個外來者，剛結婚在婆家肯定諸多的不適應，如果這個時候婆婆能來幫把手，給予媳婦一些關懷和體恤，對於媳婦來說是非常感激的，婆媳之間最初的恩情也就建立起來了，之後媳婦自然對婆婆感恩戴德、孝順有加，如此一來就形成了一個良性循環！但兩家若相處不好，豬八戒照鏡子，裡外不是人的也是妳，所以如何有效維護兩大家庭關係的重擔，就要由做媳婦的一肩挑起！

　　婚姻本來就是從兩個人變成兩個家庭甚至兩大家族的事情，人際關係自然也不像之前那麼簡單，想要維護好雙方家庭的關係雖然不簡單，但也不沒有很難。

　　首先做媳婦的千萬要記住的一點是，不要在彼此面前說雙方家庭的壞話，往往一時情緒說出的無心之語，對妳來說只是發發牢騷，但卻成為別人心中的刺，日積月累下來就變成無法化解的矛盾。很多事情往往說者無意，聽者有心，學會接受和處理雙方家庭倒給妳的「垃圾」，對媳婦來說是門必修課。

媳婦作為兩大家庭的「橋樑」，最需要的就是保持平衡，哪頭兒都不能輕，哪頭兒都不能重。不要以為在娘家就可以隨便說婆家的壞話，久而久之娘家人必然對婆家有意見；也不要在婆家說娘家的事情，雖然大家說起來是一家人，但畢竟家醜不可外揚，要是都跟婆家人說了，之後娘家人遭到排斥，罪魁禍首就是你自己。

　　會說話、說好話在所有的人際關係中的適用。做媳婦的要做好維護工作，適當地在中間傳好話，讓雙方互有好感。畢竟娘家跟婆家關係好了，最大的受益人是自己呀！

媳婦生存筆記

　　俗話說的好：「不看僧面看佛面」，娘家和婆家關係好了，媳婦自然就好做人，古代不也常說，只要有娘家人撐腰，在婆家也是好行事。維護好兩家的關係，是媳婦婚後的首要責任，「打狗還要看主人」，這俚語雖然不好聽，但卻是有道理在的。

在婆婆面前，
說好話永遠比做好事重要！

「千穿萬穿馬屁不穿」，這點是從我媽身上發覺的，嘴甜一點的媳婦在婆媳關係上是非常省力的。

但我媽……是我要舉的反面教材，在我媽和我奶奶的相處上，我媽應該是所有媳婦裡最「出力」的，平常做事絕不推託，照顧我奶奶這方面更是連我爸都非常感激的，但我知道媽媽卻不是奶奶最喜歡的媳婦，因為她「刀子嘴豆腐心」，永遠都不會講好話，常常出力卻不討好。

說好話這件事無論是對婆婆還是長輩，甚至是在職場都很受用，其實講好話也不一定是拍馬屁，畢竟「拍馬屁」聽起來有點貶義，讚美別人其實是一種說話的藝術，代表懂得欣賞對方的好，也是一種修養，因為有時治癒人心的往往只是一句話而已。

做媳婦的不僅要學會說好話，也要學會製造說好話的時機。比如流行在脖子上繫條小方巾，我自己在訂的時候會順手幫婆婆買了兩條，再特意去文具店買個漂亮的包裝袋裝好，然後像獻寶一樣送去婆婆家，再開啟彩虹屁模式：「媽媽妳繫這個很好看、戴起來好有氣質呀、這樣拍照一定特別漂亮……」順便再教婆婆幾個打法，讓婆婆跟著我們年輕人一起追趕潮流，生活自然充滿活力！

　　女人天生都會胡思亂想，可能不經意的一句話，卻會讓人在心裡琢磨很久，或許本來心情很好，卻因為某一句話而情緒低落。想想如果只要動動嘴皮子，就可以給別人美好的一天，何樂而不為呢？

像是跟婆婆一起看舊相簿的時候一定要說：「媽媽妳現在比以前還美，更有味道，女人的韻味在歷經歲月後都散發出來了……」。婆婆聽了一定很欣慰，畢竟哪個女人不怕老，不懷念青春歲月？

　　公公過世後的段時間，我特別注意婆婆的狀況，因為以前公公是婆婆生活的重心，現在公公不在了，我希望婆婆能調適好一個人的生活，享受現在的狀態。

　　為了讓婆婆熱愛生活，我常常鼓勵她把自己打扮漂亮點，會送眼影跟口紅之類的化妝品，然後教她化妝，後來婆婆跟我們出門，都會擦上眼影、抹個口紅，當下我特別開心，立刻稱讚她：「媽媽～妳今天真漂亮！跟老公看起來像姐弟一樣！」婆婆就會回我：「三八啦！」，害羞地一直笑、一直笑……

　　其實婆婆過得好，健康有活力，對媳婦來說是最省力的，倘若婆婆每天心情鬱卒、身體不好，做媳婦的不也得要盡孝於床前、好生侍奉。所以我現在都盡全力，讓婆婆生活中各個角落都飄散

著我甜甜的彩虹屁，婆婆大人過得開心、身體健康，可是媳婦乃至全家人的福氣。

當媳婦不止要嘴甜，更要樂於當個「邀功精」，每個媳婦都應該把「邀功最光榮」這句口號放在心上，當作最高準則！要知道如果自己不想辦法邀功，婆婆肯定把百分之八十的好事都掛在兒子身上，比如今天買個東西送過去給婆婆，妳不說，她肯定認為是兒子買的、送的，因為當媽媽的內心一定覺得兒子是最好的，當然最疼惜愛護她的肯定是自己兒子呀。

而大部分老公都是「豬隊友」，之前我買些東西讓老公送過去婆婆家，沒想到老公每次都是開了門，就把東西往桌子上一放：「媽，這給妳的！」，然後轉頭就走，我真的會被他氣死！難道就不能多加一句：「這是小新送媽的！」之後我必須得牢牢確保這個功勞不會白費，每回在送去的路上都會盯著老公背好台詞。

例如今天送包子過去，就讓老公說：「這是小新一早排隊買來的，這家包子很有名，小新聽說媽早上吃素，這個當早餐一蒸

就能吃，很方便！」像這樣多說兩句話，跟往桌上一放就走，感覺立馬不一樣了。但要記得，這些話如果媳婦自己去說就邀功得太明顯了，從兒子嘴裡說出來，不僅婆婆受用，老公也會知道妳費心的準備，當然也會高興。

好媳婦不僅要嘴甜、邀功，還要懂得運用「群眾的力量」。利用群眾的力量就是更高階的「手腕」了。千萬不要小看婆婆的朋友跟左鄰右舍的影響力，這些阿姨們可是妳堅固的群眾基礎。在婆婆媽媽中間樹立一個好媳婦的形象，絕對至關重要！

我自認還滿會拍照，每次出去玩，都會認真幫婆婆跟老公拍照，然後把照片修得美美的，再讓婆婆發到臉書上，還特別叮囑她一定要說這是媳婦拍的喔！接下來當親戚朋友們在臉書下方留言「哇～好漂亮！」、「哇！妳媳婦好棒，好會拍照。」的時候，婆婆的心情就更好了，當然這也在不斷提醒婆婆，這個媳婦還挺不錯的，哈哈哈……這就是利用群眾的力量，他們會幫忙塑造一個好媳婦的形象，妳的好不用自己誇，旁人都會幫忙提醒呢，有時媳婦就要當個心機 Gril ～

媳 婦 生 存 筆 記

　　做好事不留名或為善不欲人知的美德,絕不能放在婆媳關係上。所有的小心機,只要能換得婆媳關係融洽,都是值得的,因為家和萬事興!

媳婦要會送禮給婆婆！

禮，是我們最常見的一種情感表達方式，送禮是否合適也是一個人情商高低的體現。

常常會有朋友問我：「妳去婆家作客，或是過節過年，都送婆婆什麼禮物？」大家對於「送東西」這件事好像都非常苦惱，特別是在雙方剛認識不久後，送禮物給婆婆彷彿就像古代給皇帝進貢一樣謹慎而隆重！

被問的次數多了，我突然發現在婆媳相處中，這是個看似平凡，卻容易跌跤的大問題。在婆媳彼此都不太了解的情況下，萬一送錯禮物，很容易造成誤解，讓彼此的最初印象不佳。

其實我跟大家的做法不太一樣，我從不在大家都會送禮物的

節日送大禮，比如母親節、生日、聖誕節這樣的日子，剛開始我是覺得每個人都送，我也送，這樣沒有新意，不如帶婆婆出去走走、吃飯，大家還能聚在一起。

後來我發現真的不送比較好，固定在特定的日子送禮物，根本就是在培養婆婆的期待，不管今年送了什麼禮物，明年此時婆婆一定會開始想：「不知道今年會收到什麼禮物？」可誰也不是婆婆肚子裡的蛔蟲，總是會有送錯的時候呀，每年都要花很多心思去想、去猜，那該多累人啊！而且一旦開始就不能停下，不然婆婆就會想「為什麼往年都有禮物，今年卻沒有？」這是名副其實的「自己挖坑，自己跳」！

扛著大鋤頭挖坑的媳婦們一定要注意，在妳們耗盡心思送禮

物給婆婆的時候，還很容易被拿來比較，在節日送禮物的人很多，第二天婆婆媽媽湊在一起聊天，肯定就會說，我媳婦今年送了什麼什麼，她媳婦今年都送了什麼什麼，然後隔壁王媽媽收到了什麼什麼⋯⋯想想這是多麼可怕的場景，俗話說「沒有比較就沒有傷害」，這樣大規模的禮物評比，很容易讓婆婆在比較中對媳婦產生意見。

我送禮的原則是「越隨便越好」，大家都送禮的節日妳就不要送，這樣婆婆就不會拿妳的禮物和其他媳婦比較。我認為把禮物化為平時的關心，把送禮物的儀式感變成一種分享的心情。

像我送婆婆的禮物千奇百怪，什麼東西都有，連發現好用的衛生紙都會送去給婆婆：「媽，這是送妳的，特別好用，屁股會有不一樣的享受喔！」平凡的衛生紙加上幾句俏皮話，反而會讓婆婆開心，「怎麼今天來家裡送衛生紙？」而越是像化妝品、衣服、項鍊這一類的禮物，我越是挑隨便的時間送。

之前婆婆運動拉斷了筋，我去買菜看到不錯的鮭魚頭，就特

地買來送去給婆婆，慎重地送給她，不管是煮湯或烤來吃都好，因為裡面有很多膠質，對她的傷很有有幫助，這樣的送禮方式我覺得更貼心，也更實用。

碰上母親節或過生日，通常會選擇大家一起出去吃個飯，因為吃飯不太會出錯，比起挑禮物，抓著婆婆口味選餐廳還是相對比較簡單的。如果餐廳菜不好，那也賴餐廳，婆婆不會把這錯算在妳頭上，反正第一次吃都是新鮮，喜歡的話就常去吃，不喜歡下次再換別家就好。

　　送禮其實是一種關懷的表現，我一般會選比較實用的東西來送，找禮物也不能全憑自己喜好但老人家卻用不上的，像是有些媳婦會送婆婆香水，但她婆婆根本是平時不用香水的人，千萬不要試圖藉由禮物去改變婆婆的的生活方式，依我看來，不如送個沐浴乳，洗了也是會香香的！

　　其實禮物的好壞，並不在於價值的貴重，而在於送禮物人的心意，合適貼心的禮物更會讓婆婆覺得媳婦貼心，當然樂於送禮物的媳婦，更容易拉近婆媳的關係，更討老人家歡心。

媳婦生存筆記

　　媳婦要會給婆婆送禮物，這裡的「會」包含兩層意思：一層是對的時間和對的禮物，另一層就是媳婦要樂於送婆婆禮物。

用尊重歷史的心態，
理解無法跨越的代溝

　　婆媳之間最常見的狀況之一，是婆婆試圖通過不斷地教導、示範，希望媳婦遵循「古法」照顧家庭，但現代的媳婦自主觀念強，大多不願意接受這樣的要求，因此雙方很容易卡在觀念不同這個坎上，各持己見造成雙方相處上的阻礙和心結。

　　我跟婆婆的年齡差距比一般婆媳來得大，所以我們之前有很深的代溝！大多數長輩們都有一個通病，就是很喜歡「憶當年」，這個時候我通常很難附和。要知道在我婆婆那個年代，社會經濟還不是很好，從小到大婆婆可能都需要幫忙操持家務，賺錢養家、照顧弟妹什麼的，生活比較艱苦。

　　但我這個年代出生的孩子，從小就活在蜜罐裡，社會對我們這一代人的要求就是好好學習，將來考個好大學，結婚前爸媽甚

至連洗衣機都沒讓我碰過……所以每當婆婆說起她當年都怎樣怎樣操勞，開始甘苦談時，我內心的小劇場就會不停反駁：「天吶！社會好不容易在大家的努力下進步了，講這些難道是要我倒回去過苦日子嗎？還是暗示我過得太好了，要多幹一點活兒？」

每個年代對好媳婦的判定標準都不一樣，其實沒有誰對誰錯，只是因為生活跟成長環境不同，媳婦應該試著理解婆婆講這些話背後的過去，拿出探究歷史的心態來面對婆婆的觀念。就像我們不會用現在的眼光去要求秦始皇當初應該怎麼想怎麼做。面對不同的時代觀念，不用那麼劍拔弩張，或是強勢地希望對方一定要按照自己的想法去做，這樣非常困難，對婆媳相處也沒有任何幫助。

媳婦有一套自己的好媳婦標準，但婆婆也自有一套邏輯系統，媳婦常常自己撐了半天，結果發現頻道完全對不上……

　　有次婆婆突然來我家，剛好我在廁所，隱隱約約聽到外面婆婆好像在誇我什麼，這時候當然得趕緊出去聽聽呀！我也不顧得上廁所了，立馬衝出去問老公：「媽媽誇我什麼呀？」世朋叔叔說：「媽誇妳真是個才女！」我心想，哈哈，一定是我最近在寫書，媽媽覺得我太有才華了，就假裝謙虛地跟婆婆說「還好啦～其實也就隨便分享一下感悟……」結果最後婆婆誇得居然是我會用縫紉機了，我本來還以為當作家這件事情更值得炫耀一些，但婆婆反而是因為會用縫紉機對我豎大拇指，我就想：「果然每個時代對「才女」的定義不一樣！」

　　開始我一直認為婆婆拿自己的審核標準來看待事情，但後來想想，我何嘗不是也拿著我的審核標準來評斷呢？如果把我們這代人的想法大刺刺地說出來，婆婆肯定也會在內心大叫：「啥米？啥米？」覺得這個媳婦讓她崩潰，完全無法溝通。

所以就算不能理解婆婆的想法，也可以用研究歷史進程的眼光去探究婆婆的思想行為，觀察婆婆對人對事的態度，會慢慢發現，每一代人都有那一代人的優秀品格，你肯定能從當中得到一些前人智慧。

　　記得有天傍晚我回婆家，發現婆婆雖然已經出門念經了，但也早早就幫公公準備好晚餐放在餐桌上，我就好奇過去看今天有什麼菜色，發現有盤菜長得太奇怪了，讓我看不懂，研究半天我才發現原來是醃的黃金蜆，只是婆婆已經把殼全部去掉，只剩下整盤的蛤仔肉，我當下整個震驚了！

　　平常婆婆幫公公剝蝦、剝松子也就算了，中秋節把柚子全部剝好皮，放在冰箱冰過才拿出來給公公吃我也可以理解，但現在居然連黃金蜆也剝好了，我當下真的自愧不如啊！從婆婆身上，我看到那一輩的太太照顧先生那種的心意和無微不至的關懷。

　　男生有時是需要這樣細微的照顧，會有種被體貼的感覺，如果加減做一點，就會讓老公覺得：「我有個好溫柔體貼的老婆！」

對夫妻關係也是很滿加分的。相較之下，我媽就不會這樣照顧我爸，因為在他們那個年代，已經很提倡女權主義了。

我爸媽跟公公婆婆兩家人出去吃火鍋，婆婆去幫公公裝火鍋沾料，我們家卻是我爸去幫我媽跑腿，後來我也常跟我媽說：「妳看我婆婆怎麼對公公的！我們都要好好學學……」不是我提倡大男人主義，而是有些小事是老婆對老公的一個愛的表現，可以理解為體貼，是夫妻相處很重要的一點。

媳 婦 生 存 筆 記

俗話說：「女人何苦為難女人。」拋去對婆婆的成見，妳會看到每代人都有很多值得學習和借鑑的地方。與其爭鋒相對，不如用欣賞的眼光看待婆婆的想法，代溝裡面或許可以釣到大魚！

得到認可，
做個讓婆婆尊重的媳婦

　　要讓別人尊重，一定要讓人覺得妳很有一套，才會看得起妳；如果妳不會做飯又不會帶小孩還不做家事，天天在家無所事事，靠老公吃軟飯，婆婆會覺得這個媳婦一無是處，別說尊重了，根本打從心底瞧不起。

　　想讓婆婆尊重，必須有一兩樣拿得出手、讓婆婆覺得很厲害的地方，最好得在她欣賞的領域裡，畢竟兩代人對於好媳婦的認知不太一樣，就像我前面說的，要出書婆婆沒說什麼，但我會用縫紉機這件事情卻讓婆婆大讚我是個才女！

　　剛結婚時，為了能在婆婆面前有個抬得起頭的技能，對於煮飯這件事我可是下了大功夫。因為不只是要會下廚，還得讓婆婆認可我煮得比她好，這才能讓她佩服。但我這個 20 出頭，婚前

根本不做家事的人，怎麼可能做得比廚房老手的婆婆厲害，所以除了天分之外，我必須下一番功夫練習。

　　我買了很多食譜回來研究，從基本台菜下手，因為這是老公最常吃的料理，也是婆婆最了解的菜式，等到台菜料理小有所成後，我就陸續買了泰式、韓式和日式的食譜書，進一步拓展菜色的領域，希望讓我這個技能繼續精進，豐富多元。

　　一段時間後，不止婆婆讚賞，老公更是相當驕傲，到處宣揚我這個「天才小廚師」。有次老公跟婆婆還有舅舅、舅媽等親戚在外面餐廳吃飯時，一臉嫌棄地說：「這酒釀圓仔沒有我老婆做得好，因為她都自己發酒釀。」

這下可好，親戚們聽到就好像是我會做滿漢全席一樣驚訝，畢竟他們萬萬沒想到年紀輕輕的女孩子居然會發酒釀！老公看到大家的反應就更加得意，加碼說：「這餐廳的菜其實也沒有小新做得好吃，等她年後回來煮一桌，你們都來家裡吃吃看……」我後來得知這個消息後，瞬間頭都大了，這貨怎麼給我攬了這麼大一個活兒啊！

但話都放出去了，我怎麼也得幫老公兜起來，勢必要請婆婆和舅舅、舅媽們來家裡嚐嚐我的手藝，這等大事說什麼也不能丟面子，怎麼樣也得撐起我好媳婦的人設。

這壓力真的超大，跟要去參加高考一樣，前一晚都沒睡好，第二天一早就跑去市場採買，使出吃奶的力氣準備了一大桌菜，還好後來狀況不錯，全部都被掃光光，大家還一直誇讚我廚藝好，我當下覺得婆婆看我的眼神都不一樣了，哈哈哈！

不光是家事方面，工作的領域上也可以找出一些讓婆婆欣賞的地方，讓婆婆覺得媳婦做得好。就像老公是演員，媽媽養出這

麼優秀的兒子，自然非常驕傲，大家也都會在婆婆面前稱讚兒子
多麼優秀，當媽媽的自然喜笑顏開。

當我也開始演戲之後，婆婆突然發現左鄰右舍、親朋好友誇
讚的對象還多了個媳婦，讓婆婆又多一個炫耀的資本和讓別人羨
慕的地方，媽媽嘛，當然開心得意。這樣一來，我談判的資本也
就越存越多了。

現在社會很多太太都有自己的工作，有些人收入甚至比老公的
還要高，但不要以為只要有工作有收入就一定能得到婆婆認可，畢

竟大部分婆婆對好媳婦的要求並不是工作或賺錢能力。光是指望這點可是不行的，在很多婆婆眼裡賺多一點錢不如做多一點家事。

對！就是這樣！能力太強婆婆搞不好還會擔心自己兒子的家庭地位呢，所以千萬不要天真地認為：「我是高收入的媳婦，和家庭主婦不一樣，我有資本懶，沒人能要求我會這個、會那個！」我必須在這裡畫一下重點，婚姻裡首先要妥協的就是永遠不要和上千年的文化傳統抗爭，想要以一己之力撼動傳統，那真的太傻太天真了！

婆媳關係裡媳婦本來就應該要是低姿態的那一方，首先請由衷地尊重這個生養了自己老公的女人，晚輩要尊重長輩的這個原則，無論什麼時候都不能丟。這就是為什麼從一開始我就探討如何去贏得婆婆的認可，我可從來沒聽到哪個婆婆想方設法要贏得媳婦的認同。**無論長輩為人如何，當你心中不尊重他時，關係都會難以維持，尊重很重要！**

既然要得到認可，首先要擺低心態，抱著尊重和求同存異的方式。要是一開始不知道自己要在哪個領域精進，可以先從自己

不被婆婆認可的方面或自己有興趣的地方開始，最好是從「實用面」下手，這樣對家庭生活大有好處，畢竟直接受益人就是老公。

要知道每個男人都希望自己老婆具備「家政婦三田」的技能，如果可以做到一兩點的話，在得到婆婆讚賞的同時，老公也會覺得老婆好棒棒！

做媳婦的，只要能在婆婆認可的方面，有一樣讓她豎大拇指的，婆婆就不會看輕這個媳婦。這等於存到了婆媳談判的資本，之後婆媳關係遇到任何分歧或問題時，媳婦才能在被尊重的前提下和婆婆探討，婆婆也會正視媳婦的想法或觀點。

媳婦生存筆記

很多婆媳問題是因為雙方沒有相互「尊重」，想要有資格站在媳婦的立場上說 NO，就必須得到婆婆的認可，有了認可才會有尊重。

長媳的逆襲？！
別再叫我生孩子了！

　　婆媳長期生活在一個家庭裡，兩代人的立場想法又各不相同，一定會遇到意見分歧的時候。比如我和婆婆第一個較大的分歧點就是生小孩這件事。

　　很多老一代人的想法，認為多子多孫多福氣，生完第一胎後，婆婆整天明裡暗裡暗示我趕快再生一個，說這樣小孩才不會差太多歲，也能有個伴。但我覺得現下狀況不適合再生一個，首先我懷孕時狀況特別不好，娘家人又不在台灣也沒人能幫我帶小孩照顧我，要是再懷孕，小孩和我勢必都得不到很好的照顧，之後如果想出去工作，兩個孩子就更沒人照顧了……

　　何況每個人都想要一個完整的人生，我不想在 20 到 30 歲這段青春裡，只有生小孩跟帶小孩這兩件事，我的人生還想有更多

可能，但要怎麼跟婆婆說明我的想法、讓她理解而不是變成婆媳衝突的導火線呢？

第一是明確的表態。既然我目前不想再生第二個孩子，那麼當婆婆暗示的時候，我會直接明說不會再生第二個，直接斷絕婆婆的念想，而不是沉默不語，讓婆婆覺得此事有希望。

很多人會擔心這樣直接拒絕婆婆會不會造成婆媳矛盾衝突，我必須要說的一點是，**好的婆媳關係不是媳婦對婆婆唯命是從，而是互相尊重和理解。**我從不認為媳婦沒有資格跟婆婆說 NO，反而倒是覺得媳婦應該勇於說出自己的想法和意見。因為如果總是壓抑、忍耐，長期下來媳婦心裡勢必會對婆婆產生怨懟，有了怨懟之後如何和睦相處？越積越多的不良情緒就好比定時炸彈，

隨時一觸即發。

　　第二個是闡明觀點，婆婆認為應該要多生小孩的每個理由，我都能一一提出理性的反對說明，用良好的態度跟婆婆討論。

　　比如婆婆說只有一個小孩會孤單，那我這個獨生女就最有講話的資格，從小到大我從來沒有覺得孤單過，父母給我的陪伴很足夠，也給了豐富的愛讓我完全不覺得孤單。

　　而且從 2、3 歲開始念幼稚園，孩子大部分時間在學校，有很多玩伴，我曾經問過兒子：「你會孤單嗎？放學回家都沒小朋友陪你玩。」他回了一個非常有智慧的答案：「我怎麼會一天到晚都想著玩？」讓我不禁點頭稱是。其實人是需要時間去獨自思考跟享受孤寂的。

　　還有很重要的一點可以說服我婆婆的，就是她兒子，我的老公。對於我老公，我希望他負擔不要太重，因為我覺得**人生長度不在於活了多少歲，而是能隨心所欲過多少年。**

生第一胎的時候，他已經 40 歲了。如果要再生一個小孩，他可能得一直工作到快 70 歲才能安心退休，我相信沒有一個母親希望兒子過得辛苦。跟婆婆分析了這樣的狀況後，婆婆很快就很理解了，沒再開口要我再生個孩子了。

其實事情都有兩面性，並不是說多子多孫不好，也沒有說獨生子就一定好，這都要看個人家庭實際情況。我也開玩笑地跟我婆婆說：「我們都有在買彩票，哪天要是中大獎了，我就天天在家生小孩，找一堆人伺候我和老爺，哈哈……」

婆媳間一定會產生歧異，這是不可避免的。我覺得一旦有不愉快就要馬上說出來，做媳婦的與其一直壓抑自己的想法和情緒，不如用婆婆可以理解的說法好好溝通，努力爭取認同和理解。因為生活不是活給婆婆看的，**每個人都有發表意見和做自己想做的事情的權利，媳婦這個身分並不代表妳要照著婆婆的想法過生活，百依百順也並不能促成好的婆媳關係，反而會讓媳婦滿肚子委屈，而婆婆卻不明所以。好的溝通方式，才是婆媳分歧的靈丹妙藥。**

媳婦生存筆記

　　面對分歧時，勇於提出自己的意見，爭取認同永遠好過忍氣吞聲、百依百順。做不了一輩子的事情，一開始就不要做，好的婆媳關係應該建立在相互尊重的基礎上，並不是處處迎合婆婆，只有把自己放在一個正常的位置上，才能心無芥蒂地培養和睦的婆媳關係。

老公是婆媳間的毒藥還是解藥？

　　很多太太都會覺得自己老公是豬隊友，特別是在婆媳關係上，不僅不是「助力」，還是「阻力」，常常懷疑他們是不是根本就不知道做媳婦心酸啊？但是強烈奉勸媳婦們千萬不能放棄這個豬隊友，因為只要善用婆婆的這個兒子，就能把這個豬隊友培養成自己的神推手，成為台灣好媳婦就指日可待了！

　　我就是花了十年來培養的，唉～現在想想滿是辛酸淚，他不是天生的好推手，如今能成為神助手，那都是我嘔心瀝血栽培出來的，這中間的斑斑血淚史，絕對能讓我再寫出一本「如何改造豬隊友」的書呢！

　　結婚前可能很多人都會寄望自己老公是婆媳之間溝通的橋樑，但很多老公根本不善於言辭，讓這座橋一開始就是座斷橋，

更不用指望增光添彩，不給我添亂添堵就已經不錯了；當然也有些人的老公是聰明人，特別會化解婆媳之間的矛盾，但無論另一半是解藥還是毒藥，先生絕對是婆媳關係的最大助力。

與其花很多力氣去培養和維繫婆媳之間的好關係，不如先從培養身邊這個神助手開始。男人跟女人的思維雖然不一樣，但他們的可塑性非常強，就跟樹苗一樣，就算一開始長歪了，後期也還是可以扶正的。

相信全天下所有的老公都知道婆媳處不好，他肯定也沒好日子過這一點。因為這個兒子會在老娘和老婆之間不停抉擇，每天回答溺水了要先救誰的送命題，最後恨不得活活把自己給溺死。

婆媳之間如果處理不好，家裡就好比沒有硝煙的戰場，老公應該寧願去伊拉克戰場也不願待在家裡參與其中。為了不淪為婆媳戰爭的炮灰，通常只要願意教，相信老公都會配合協助的。

　　媳婦們只要記住兩點，第一、不好聽的話都讓老公去說，媳婦千萬別怕先生說不好，硬要自己冒出頭，因為就算兒子說出去得是大便，婆婆也會覺得香（此處省略去媳婦 100 個白眼）好比之前兒子還是 Baby 的時候，因為工作關係託給婆婆照看一下下，結果婆婆怕孫子著涼，大熱天裡幫他蓋一堆被子，收工回家一看，小孩已經熱出了一身痱子，這時候做媽媽的肯定心疼，但再心疼也千萬不要說半句抱怨的話。

　　跟婆婆說：「媽媽，小孩火氣大、體溫高，別給孩子蓋那麼多被子。」雖然合情合理，但這話一定要讓她兒子去講，兒子講一點問題都沒有，但媳婦去講一模一樣的話，哪怕口氣再好，聽到婆婆耳裡都可能會覺得媳婦在抱怨、投訴。心裡也會 OS：「我好心好意幫妳看個孩子，結果還落下一堆埋怨。」

就好比自己媽媽罵再兇妳也不會記仇，但婆婆哪怕説一句無關痛癢的話，妳可能也會委屈半天，對婆婆來説亦是如此。

第二、讓老公多多讚美自己。讓老公有事沒事、有意無意地在婆婆面前多説一些自己的好話。比如一起吃飯的時候，隨口誇一下自己老婆最近廚藝漸長，或是常常會煮滋補的湯照顧自己身體；陪婆婆看電視聊天的時候，也可以順便誇一下自己老婆，像是勤儉持家啊、很會教育小孩之類的，最好是在母子單獨相處的時候講，這樣絕對會讓婆婆對媳婦的好感度迅速上升。

如果兒子常在媽媽面前誇獎媳婦好，時間久了婆婆肯定會對這個媳婦有好感，就像我婆婆一開始其實是希望老公娶個能幹的媳婦回來照顧他，但結婚後老公常常在婆婆面前説我煮飯煮得好，家事也打理得好，把他生活照顧得非常周到，婆婆聽到當然非常滿意跟高興，覺得這個媳婦果然沒娶錯。

畢竟每個媽媽都希望自己兒子過得好，如果兒子都滿口稱讚了，婆婆自然也會愛屋及烏，對媳婦疼愛有加。這一點其實非常

容易做到，對老公來講也就是耍耍嘴皮子的事情，但對媳婦來說，可是比做一百件討好婆婆的事情來得有用。盡量別當著媳婦的面去做，說不好的話就算真情也變成矯情了。

媳婦生存筆記

先生就是一個能說好壞也能說壞話，永遠都使不壞的傳話筒，所以一定要訓練好自己的另一半，能用則用、物盡其用，夫妻相互配合，絕對可以創造出一個其樂融融的家庭環境！

解決文化的差異

　　兩個成長於不同文化背景的人最終組成一個家，總得要適應生活跟文化上的差異，婆媳之間肯定也有不習慣的地方，我的解決方式只有一招，就是「求同存異」，不要一開始就因為不一樣而去排斥，也不需要互相勉強。

　　媳婦除了不要勉強婆婆接受自己的習慣，也不要勉強自己去接受婆婆的習慣。先找出這些「不適應」當中自己喜歡的地方，因為事情都有很多面向，一定會有一個面向是自己可以接受的，從自己可接受的地方慢慢改變對這個「不適應」的看法。

　　舉我自己的例子，婆婆是個有信仰且會拜拜的人，但我從小到大，家裡人都是無神論也從不拜拜，我來了台灣之後才知道原來神明也有生日，三不五時就會因為要幫神明過生日而拜拜。

記得第一次老公帶我回婆家說要幫玄天上帝過生日時，我其實挺高興的，過生日代表有生日蛋糕可以吃啊，讓我這個從小愛吃甜食的人非常期待，可是飯吃著吃著我就在想：「生日蛋糕怎麼一直沒上桌呢？」小聲問老公：「生日蛋糕在哪裡啊？」他一臉吃驚地說：「怎麼會有蛋糕？」我滿頭問號：「不是過生日嗎？不會有蛋糕出來，然後一起吹蠟燭嗎！」

　　因為拜拜都沒有蛋糕吃，心裡就難免忍不住嘀咕著：「怎麼這麼多神明過生日？一下玄天上帝、一下媽祖、一下土地公，婆婆怎麼可以把這麼多神明的生日記得清清楚楚？那婆婆記得我的生日嗎？」

　　對於拜拜跟神明這件事情，一開始我確實覺得有很多奇怪、

不解的地方，像是婆婆會打電話來提醒我要記得拜地基主，我嘴上應了「好、好、好！」但掛了電話後心想：「地基主是誰？」、「為什麼要拜祂？」後來老公教我怎麼拜地基主，說拜地基一定要用雞腿便當，說到這我就更不喜歡了，因為拜地基主那一天，無論你想吃什麼，都只能買雞腿便當回家吃。

直到有次世朋叔叔在大陸拍戲，我自己處理拜地基主這件事情，發現家裡沒有米酒了，索性直接拿了冰箱裡的香檳代替，想說這樣起碼對了一半吧，偶爾換換口味地基主搞不好會喜歡，哈哈～後來多的香檳當然是我喝掉了。從此每到拜地基主時我都有「正當」理由開香檳喝了，帶著慶祝的心情，拜拜其實也可以很快樂。

換個看待事情的角度與心情，就可以慢慢從中發現自己喜歡的地方。來台灣前我是不拿香不拜拜的，所以每次拜拜時香的味道會讓我很不適應，燻得睜不開眼睛，到回家之後都還頭疼眼花，洗澡洗頭髮換整身的衣服，特別麻煩。但後來我發現只要神明過生日，雖然沒有蛋糕但都會有婆婆準備的壽桃，和滿滿一大桌超

級豐盛的菜，其實還是挺划算的！

關於拜拜的節日中，我最喜歡的就是中元普渡了，第一次知道中元普渡這件事，我就在想這是誰發明的啊？真是造福人類啊！像我最喜歡吃零食了，可平時買點零食老公都會唸：「不要吃那麼多零食，對身體不好……」

中元普渡可以說是給了我一個相當正當的理由，能去超市買一大推車的零食，而且採買時的氣氛特別好，大家都跟妳一樣大包小包的，好像東西不用錢一樣瘋狂，那段時間，大街上可以看到各個社區、公司一起普渡，感覺氣氛特別好。

找出不同文化背景當中喜歡的地方，不喜歡的就不必勉強自己，也不要去勉強婆婆接受自己的觀點，就算不覺得有神明的存在也不必去爭執，或是天天聊上帝，企圖洗腦對方，這純屬「沒事找事」！

像拜拜要燒紙錢這件事情，一開始我很不喜歡，覺得大家這

樣一直焚燒好浪費，又會造成空氣污染，我一邊幫忙一邊問公公：
「為什麼不做一張信用卡讓祖先刷卡就好了，這樣就不會燒那麼
多，造成污染……」哈哈，大家啞口無言，老公就唸我：「祖先
會來找妳的！」從此之後燒紙錢這件事他們就沒要我去幫忙了，
這其實也是一種尊重，他們尊重我，那我為什麼不能去尊重他們
對傳統習俗的堅持呢？

不管是生活習慣還是做事觀念，媳婦的心態一定要調整好，
千萬不要一開始就覺得婆婆是要為難自己，這樣大家絕對相處不
好。很多事情婆婆未必是存心想為難媳婦，單純只是出自她多年
的習慣。像我婆婆在婚後就急匆匆地帶我去廟裡拜拜，說是要「還
願」，因為老公年紀很大了還沒結婚，婆婆著急就去廟裡許願。

搞不清楚的我心想，還願應該就是去跟月老說聲謝謝就好了
吧？到了廟裡才發現原來神明有這麼多呀！不僅每層樓都有，還
排成一列一列的，我們每個都得拜，一個都不能落下。

而且參拜的時候身邊每個人都振振有詞，讓你總覺得好像也

要跟著說點什麼才行，可我也不知道該說什麼，就繞口令給神明聽，唸了半天看到大家都插香就趕緊跟著插香。好不容易全部參拜完，感覺像做了一場大型脫口秀節目，口乾舌燥、心力交瘁！

拉著我去廟裡拜拜，其實並不是要強迫我去改變信仰什麼的，只是婆婆急於讓我瞭解對她來說很重要的事，希望我能跟隨她的腳步。人本來就都希望獲得認同，無論身分如何，我們一生都在追求「認同感」。

不得不說婆婆的文化信仰對我的影響很大。像拜拜這件事情，後來我沒當成是一種宗教儀式，而是把它看待成一種民俗文化。從無神論者到接下「寶島神很大」太平媽祖繞境的外景主持，跟著西螺福興宮的太平媽繞境，幾萬人一起走過西螺大橋，那場面相當壯觀，讓我至今難忘。

雖然第二天腰不是自己的腰，腿不是自己的腿，卻收穫了一份巨大的感動。幾萬人因為信仰懷著崇敬的心情一路跟隨，這習俗已經傳承了三百多年，這不只是一種宮廟活動或信仰，也是一

種文化，應該一代代地傳承下去。

因為婆婆喜歡拜拜的緣故，我開啟了另一扇大門，讓我學會用觀察的角度去瞭解台灣的民俗文化，並且帶來無限感動和滿滿收穫，是人生中難得寶貴的經驗和教育，如果不是婆婆，我可能一輩子都沒有機會接觸到。

媳婦生存筆記

「求同存異」、「互相尊重」，是婆媳之間面對文化差異的最好解決方法，也許換個角度就會收穫滿滿。

後 記

　　收到出書邀約時，其實內心是相當驚訝的，因為我覺得「出書」這件事不都是要七老八十，回顧人生時才幹的事情嗎？我現在才多大，出書能有說服力嗎？可是當真正坐下來想書的內容時，才發現自己有好多好多想要跟大家分享的事情。一直以來那些被我忽略的、習以為常的婚姻生活技巧，相信對任何人來說都是非常實用的，畢竟我可是已經試用了十年啊！

　　2020 這一年對我來說是很特別的一年，是我邁入婚姻的第十個年頭。從 20 歲到 30 歲，我把人生中最美好的年華都投入到這樁婚姻裡，如果說婚姻是場賭博，那我這絕對是傾家蕩產式的豪賭！

　　那一年我義無反顧地堵上了所有，「漂洋過海」、「離鄉背

井」每幾個字的背後都寫滿了艱辛，這場婚姻我走得比別人險，所以我也走得格外謹慎，那些在外人眼裡的婚姻技巧，對我來說只是本能的求生欲！

　　「十年磨一劍，霜刃未曾試。今日把示君，誰有不平事。」如今我也是算是婚姻裡的「職業玩家」了，想要分享的初衷其實很簡單，就是想將一些親身經驗分享給婚姻小白們，同時也給還沒進入或準備進入婚姻的玩家們一些勇氣！如果說婚姻是愛情的墳墓，那我要告訴你，這裡並不一定是滿目瘡痍，也可以山花爛漫，歡迎你親自體驗看看！

玩藝 0096

只要婚，不要昏！

婚姻沒有那麼難，看我如何「墳墓求生」，用高情商成為好老婆、好媳婦！

作　　者——李新
經 紀 人——林時翊
攝　　影——Will Chin Wei Yang
化　　妝——秋天 Autumn Chiou
髮　　型——Sundia Wen
責任編輯——王苹儒
行銷企劃——周湘琦
美術設計——季曉彤
內頁排版——楊雅屏
文字整理——田瑜萍
特別感謝——

Dolly　　WC for Ladies

總 編 輯——周湘琦
董 事 長——趙政岷
出 版 者——時報文化出版企業股份有限公司
　　　　　108019 台北市和平西路三段二四〇號二樓
　　　　　發行專線——（02）2306-6842
　　　　　讀者服務專線——0800-231-705、（02）2304-7103
　　　　　讀者服務傳真——（02）2304-6858
　　　　　郵撥——1934-4724 時報文化出版公司
　　　　　信箱——10899 臺北華江橋郵局第 99 信箱
時報悅讀網——http://www.readingtimes.com.tw
電子郵件信箱——books@readingtimes.com.tw
時報出版風格線臉書——https://www.facebook.com/bookstyle2014
法律顧問——理律法律事務所　陳長文律師、李念祖律師
印　　刷——和楹印刷有限公司
初版一刷——2020 年 8 月 28 日
定　　價——新台幣 420 元

只要婚，不要昏！看我如何「墳墓求生」，用
高情商成為好老婆、好媳婦！ / 李新作. -- 初版.
-- 臺北市：時報文化, 2020.08
　面；　公分 . -- (玩藝；96)
ISBN 978-957-13-8244-9(平裝)

1. 婚姻 2. 兩性關係 3. 家庭

544.3
109008095